新时代传媒创新书系

新媒体场景传播
网络直播与网红群体研究

赵淑萍 吴昊 李超鹏 著

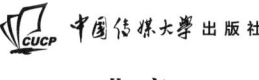
中国传媒大学出版社
·北京·

目录
Contents

前言 / 1

第一章　场景革命:网络直播引发的传播变革 / 1
第一节　场景理论的分流与融合 / 1
第二节　网络直播:新媒体场景传播的生成与建制 / 6

第二章　场景势能:网络直播的动力系统与运转逻辑 / 16
第一节　内容力:网络直播全面激活生活审美 / 17
第二节　桥接力:数字资本加速汇聚跨域资源 / 22
第三节　社交力:网络直播社群促进文化共创 / 30
第四节　情境力:情境共享催化网红生态共构 / 35

第三章　场景复魅:网红群体的展演变迁与生活转向 / 41
第一节　"网红"的发展脉络 / 42
第二节　网红直播活动的场景建构与复魅 / 54

第四章　场景桥接:网红群体的数字劳动与资本逻辑 / 61
第一节　网红群体的数字资本与劳动属性 / 61
第二节　网红主播数字劳动的运作逻辑 / 73
第三节　网络直播数字资本的场景桥接 / 81

第五章　场景动能：网络直播的社交消费与文化共创 / 88

第一节　网络直播场景运转的动能逻辑 / 88

第二节　网络直播场景中的社交消费形态 / 93

第三节　网络直播场景的边界拓展与文化共创 / 106

第六章　场景生态：网络直播的情境共享与升维互动 / 115

第一节　生态运转：价值共创、沉浸参与和智慧服务 / 115

第二节　场景再造：界限消弭、扩展现实与连接升维 / 122

第七章　场景治理：网络直播的问题症候与规范引导 / 130

第一节　网络直播与网红文化的症候 / 130

第二节　平台自治、行业监管与群体引导 / 144

附　录　我国网络直播与网红群体发展变迁年谱 / 154

参考文献 / 180

后　记 / 186

前　言

自 2016 年以来,网络直播这一全新的传播形态在当代中国社会掀起了一场场景革命。直播重构着网络空间与现实生活的结构关系,创造了突破时空限制的传播场景,也造就了新的用户群体及互动方式,使网红经济全面兴起。直播超越了传统意义上的视听传播,通过联通线上线下资源、打通网络与现实的生产与消费,促使资讯、文化、知识、娱乐、商务等各类型内容在不同媒体平台之间自由流动,汇聚、盘活了各类媒体资源的新媒体场景。

直播拓展着人类的活动场域,丰富着人们的生活形态,使个体成为文化创新与经济发展的重要组成部分。截至 2022 年 12 月,我国网络直播用户规模达 7.51 亿,占网民整体的 70.3%,并保持着持续增长的态势。网络直播已然形成一种动态的社会力量,越来越多的个体进入网络直播场景中,携带符号意义,提供社会功能,创造经济价值,产生文化影响,并成为塑造社会结构的重要力量。网络直播记录并展现着人们生活的各个面向,通过场景的"再场景化",进一步塑造了"媒介化生存"的人类社会新形态。网络直播所创造的新媒体场景正在重构人与媒介的关系,深刻影响着当代社会的经济文化发展模式。

网络直播以独特的场景势能推动经济文化生活转型,显现了强大的社会影响力。网红群体作为这一特定时代背景下出现的新兴群体,成为推动这次场景变革的社会力量。

网络直播催生新的文化共创机制。借助网络直播,那些原本因技术或文化门槛被边缘化的大众网民群体获得了创造、分享和传播文化的机会,更多普通人的话语权开始增强,文化生产的权力不再被束之高阁,而是呈现活力竞相迸发、源泉充分涌流的全新面貌。

网络直播释放经济发展的新动能。网络直播重置了传统经济体系中人、货、场三方的关系，提高了信息、商品、服务与消费者之间的匹配效率，刺激消费需求，降低交易成本，缩短了产业链与供应链。直播带货、付费直播的兴起正在催生新的互联网消费业态。随着资本注入直播经济生态圈，直播平台中的网红经济正在走向产业化、规范化。

网络直播拓展人际互动与交往方式。直播丰富了人类的情感表达与沟通方式。直播改变了人们的表达方式与交往习惯，数字化交往日益普遍。直播展演的生活化让个体意义与情感价值得到强调和凸显。网络直播正在不断促成人的"媒介化生存"。

网络直播全面激活大众的生活审美。网络直播内容正在覆盖生活的方方面面，个体将对生活的体验与感悟分享于众，在场景的塑造下产生观赏价值，实现了对日常生活的场景复魅。直播将平平无奇的日常生活搬上展演舞台，进一步推动了日常生活的审美化。

网络直播提供着社会治理的新手段。突发公共事件中的慢直播，为负面社会情绪的疏解提供场景支持。电商直播中的助农实践，为脱贫攻坚与乡村振兴等国家战略提供与大众的连接渠道。直播与教育的结合，为我国当前尚不平衡的教育资源分布提供再分配方案。政务直播间的出现则进一步提供了公众通过网络直播参政议政、表达民意的平台。

网络直播正在助力社会的发展与进步，但也存在着需要社会关注并解决的问题。从数字盗版到知识侵权，从网络成瘾到群体性孤独，从低俗内容到直播诈骗，政府和平台自身也需要不断加强对直播环境的治理与引导。

本书以场景理论为主线，以场景的"再场景化"作为新媒体场景传播的主框架，并探索了网络直播生态系统中的动力系统，总结出网络直播的四重动力：内容力、桥接力、社交力和情境力。基于"四力"对场景传播的赋能，本书进一步探讨了网红直播的发展脉络变迁、劳动关系生成、社群交往模式，以及网络直播的生态场景升维。同时，为突破以往研究案例单薄、领域单一的问题，本书从网络直播价值链条的各个环节入手，在论述中选取了大量具有代表性的案例深入分析，总结具有共性的经验和问题，并提出了解决方案。

简言之，本书最突出的学术价值是，探寻了网络直播与网红群体发展的规律，尝试构建具有突破性的新媒体场景传播变革进程中的理论体系。

具体而言,本书各章节的研究思路如下:

第一章对新媒体场景和其框架要素进行了界定,总结出生活审美、数字资本、文化共创、情境共享等四项要素,将其作为考察网络直播媒介场景的主要参照系,并分析了网络直播的场景建构与融合机制,为全书奠定理论框架基础。

第二章重点关注网络直播场景生态中的动力系统,提出内容力、桥接力、社交力和情境力的"场景四力"势能,指出其对网络直播场景内外的资源、渠道、社群、技术等进行盘活与重塑的路径,为后续章节的研究提供逻辑分析基础。

第三章从内容力出发,梳理网红群体的历史发展脉络,得出其生活转向的基本演变逻辑,并分析网红直播在内容向度、功能影响以及交互方式上的变迁,探讨了网络直播对日常生活的复魅机制。

第四章从桥接力出发,探究直播场景对于线上、线下资源的桥接与价值转化,归纳网红直播数字资本形态与数字劳动逻辑,提出网络直播将建构起在思想和行动上具有集体同一性的"场景共同体"。

第五章从社交力出发,关注网络直播场景中各主体间的文化交往与消费关系,探析网红直播的消费文化逻辑,深入分析其中的利益消费形态和文化消费前景。

第六章从情境力出发,关注网络直播的生态图景,从生态运转视角分析网络直播带来的新型连接方式和体验价值,从技术演进的视角透视网络直播促进了传播范围与感知维度的升级,并对元宇宙时代的网络直播样态提出了升维互动的畅想。

第七章以问题为导向,指出网络直播与网红文化的典型症候,并从主播规范与专业培养、组织创新与制度建设、多元协作与效能提升、技术管控与流程治理这四个层面探索网络直播行业的场景治理方案。

本书结合中国互联网的发展逻辑,延伸并丰富了新媒体场景理论,并以此来阐释网络直播的场景变革以及网红群体在其中的角色作用,拓展了场景理论的研究范畴和领域。同时,研究注重回应现实,梳理并分析了我国网络直播的发展脉络与典型案例,为行业规范的制定者和行业的管理者提供了参考。

我国作为人口大国和互联网大国，在网络直播领域的创新发展将在一定程度上影响全球互联网的发展方向与模式路径。我们面对的是一幅宏阔的网络社会图景，网络直播行业处于转型与变革之中，新现象层出不穷，新问题不断涌现，相应的对策研究仍有待人们进一步探索。如何应对网络直播和网红群体存在的深层次问题，是传播业今后在技术突破、理念更新、制度建设、人才培养等诸多领域的实践所面临的新的挑战与机遇，这个问题也为相关领域的研究进一步拓展视角、方法和内容提供了对象和目标。

第一章　场景革命：
网络直播引发的传播变革

新媒体重塑着信息传播方式，在移动互联网时代，视听信息的生产、传播与接收正在成为人们日常生活中的普遍行为。实现人们的视听化生存已经成为新媒体发展的趋势，在媒介技术不断演进的过程中，具有实时传播特征的网络直播应运而生。直播以即时连接的方式，创造着人们新的时空感和生活态，建构着地域性与时代性相结合的媒介符号与内容形态，并重塑着人们在数字化时代的生活方式。网络直播的传播效能与连接动能对整个社会的发展产生了巨大影响，如何破解直播赋能的逻辑机理，如何引导网络直播的发展，成为新媒体研究高度关注的问题。

目前，已有研究较多探索了直播平台的运营与盈利模式，直播用户的心理因素与行为逻辑，直播社群的参与式文化、消费文化与准社会交往等，这些研究侧重网络直播的互动模式以及平台机制，中观与微观研究较多，但尚未从体系化的层面探讨直播的结构层次与运转机制。本章从场景理论视角入手，通过厘清并界定新媒体传播场景的概念，探索直播的场景建构机制，并梳理其中的关系要素与特征属性，为全书网络直播与网红群体的研究奠定理论基础。

第一节　场景理论的分流与融合

一、场景概念的内涵及其演变

最初，"场景"一词在中文语境中通常指戏剧、电影中的场面，它包括对白、场地、道具、音乐、服装和演员等戏剧或影片希望传递给观众的信息和感觉。后来,"场景从戏剧的幕布背景、电影的情节画面和书本里的故事篇章走进了人们生活和娱乐的邻里、大街及小巷"①。从字面意思来看,"场景"由"场"和"景"两个要素构成。"场"指的是一个整体性的存在,其中各部分的属性与变化都受到场的整体特征的影响。传播学奠基人库尔特·勒温(Kurt Lewin)将其引入心理学领域,认为一个群体构成一个场,场不是个体成员的简单相加,群体在关系作用中能够起决定性作用。②"景"原意为一种被展示出来的客观景色、景象,也可以被认为是抽象性的、有意识形态主导的表演。③ 总体来看,场景概念注重研究对象与其环境、要素、主体等方面的动态关系。"场"划定了主体的行动边界,其中,地理空间是人们对行动区域进行划分的主要形式,也是最早的方式,伴随网络媒介的普及,场延伸到了媒介空间,并在双维空间中创造联动。"景"包括空间中的符号系统和社会活动共同呈现的现象,包含信息和事件等。场景是场、景与主体相互作用的关系总和。在不同学科中,研究者还根据研究取向,对场景的特征做了进一步的阐释。

场景通常会和场域、景观等概念混淆,但是,这三个概念在界定上具有显著的侧重点。场域可以被定义为在各种位置之间存在的客观关系网络,或一个构型。④ 场域概念从社会学视角出发,偏重对行动者关系和运转网络进行研究,而景观本质上是人们以影像为中介的社会关系。居伊·德波(Guy Debord)认为,景观是一种由感性的观看建构起来的幻想,其存在由表象所支撑,其在场是对社会本真的遮蔽。⑤ 景观既是社会的一部分,同时也可充当工具,景观概念的背后是一种物化的世界观。场景的构成则包含三方面要素,其中的硬要素为客观存在的场所与景物等,软要素包括主观感知的空间与氛围等,⑥变量要素则是维持场景运转的环境以及人在场景中的活动。三个概念中,场景更加关注技术、设施、环境等硬要素的构成与影响,以

---

① 温雯,戴俊骋.场景理论的范式转型及其中国实践[J].山东大学学报(哲学社会科学版),2021(1):44-53.
② 胡正荣,段鹏,张磊.传播学总论[M].2版.北京:清华大学出版社,2008:20.
③ 布尔迪厄.关于电视[M].许钧,译.沈阳:辽宁教育出版社,2000:46.
④ 布尔迪厄.实践与反思:反思社会学导引[M].李猛,李康,译.北京:中央编译出版社,1998:134.
⑤ 德波.景观社会[M].张新木,译.南京:南京大学出版社,2017:3.
⑥ 郜书锴.场景理论的内容框架与困境对策[J].当代传播,2015(4):38-40.

及作为软要素的人的感知。

　　已有的研究文献尚未对场景进行理论体系的建构。① 本书通过梳理场景概念在传播学和社会学双重领域的研究脉络,试图建立新媒体场景的框架体系,用以解释网络直播的现象、特征与运转机制。在传播学中,罗伯特·斯考伯(Robert Scoble)和谢尔·伊斯雷尔(Shel Israel)提出的场景概念源于"context"一词,主要指移动互联网时代信息内容与媒介技术所创造的语境或氛围;而在文化社会学中,特里·尼科尔斯·克拉克(Terry Nichols Clark)和丹尼尔·亚伦·西尔(Daniel Aaron Silver)提出了"Scenescapes"这一概念,同样被翻译成场景,用以强调实体空间对于社会发展的影响。为区分这两个学术概念和学科差异,本书暂称之为媒介场景理论和空间场景理论。不同的场景理论尽管有其自身逻辑脉络,但在互联网时代媒介融合发展的趋势中,都可以在意义传受与价值流通过程中发挥重要作用。

二、基于展演主体的空间场景

　　在芝加哥学派的文化社会学研究中,特里·克拉克和丹尼尔·西尔通过《场景:空间品质如何塑造社会生活》一书介绍了场景理论(Scenescapes),认为由美学知觉和由欲望转化而来的活动和舒适物,能够转化成文化与价值观的外化符号,形成具有鲜明特征的场景,这些场景能够被人们识别、区分,并对人们的行为产生影响。② 场景就是由各种消费实践所形成的具有符号意义的社会空间,是将具有不同个人符号的社会成员聚集在一起的纽带。③ 芝加哥学派认为,城市、社区等具有一种空间美学意义,其中的要素包含景观、体验、消费、符号和价值观等,不同于以生产为导向的工业理论,场景理论试图从消费角度来解释后工业城市发展的经济社会现象。芝加哥大学社会学教授劳伦斯·罗斯菲尔德(Lawrence Rothfield)认为,场景理论的舒适物蕴含了社会生活的实际功能、城市或社区的文化与传统、社群的价值观,并在传播过程中逐渐形成特色,这些舒适物会在生活中形成抽象的文化

---

① 梁旭艳.场景:一个传播学概念的界定——兼论与情境的比较[J].新闻界,2018(9):55-62.
② 西尔,克拉克.场景:空间品质如何塑造社会生活[M].祁述裕,吴军,等译.北京:社会科学文献出版社,2019:1-3,6.
③ 徐晓林,赵铁,克拉克.场景理论:区域发展文化动力的探索及启示[J].国外社会科学,2012(3):101-106.

符号,从而影响个体行为。① 近年来,文化街区②、博物馆③、创意街区④等空间的场景建设引起了学者的广泛关注,已有研究大多强调场景是一个空间概念,具有特定的功能性,能够传递相应的文化与价值观。同时,场景还具备刺激文化消费的功能,通过形成一套以建立连接为核心的场景造物逻辑,促使商品得到人们的认可与推崇。⑤

空间场景理论归纳了场景建制的三大维度,即真实性、戏剧性与合法性。简言之,真实性指的是场景中各要素的基本自然属性,戏剧性关注场景动态的表现方式,合法性则指向场景整体性的价值判断。在网络直播的研究中,三大维度主要体现在直播活动的线下资源组织方式与社会活动运转方式之中。第一,真实性。对于直播场景,真实性就是主播及其直播所呈现的独一无二的民间文化,包括风俗习性、饮食特色、流行音乐、娱乐方式等。真实性指向人们对流行文化或世俗文化的认同感,直播场景的建制,需要选择消费者所熟悉和认同的文化符号与价值表征,并时刻强化这种认同的归属感。⑥ 第二,戏剧性。直播场景通常设计为空间中真实发生并需要消费者参与的活动,从而深化他们对于文化符号及其内涵的理解,让他们更好地感知场景并产生对带货商品的购买意愿。物理陈设和体验活动都能够作为空间符号系统,赋予直播内容特定的美学意味。第三,合法性。直播场景需要运用合适的手段去说服消费者,让他们相信在直播中所感受到的文化特征是得到历史传统或现实社会承认和支持的。用户在场景体验的过程中,通过了解流行文化和与当地社群交流沟通,能够在合法性层面形成认同。三重属性层层递进,为直播的空间场景搭建提供了内部关联和度量标准。

---

① 金元浦.场景理论与文化艺术遗产的传承与创新:金元浦对话劳伦斯教授[J].北京联合大学学报(人文社会科学版),2020,18(1):25-29.
② 李林,李舒薇,燕宜芳.场景理论视阈下城市历史文化街区的保护与更新[J].上海城市管理,2019,28(1):7-13.
③ 黄鸿宇,祝忠杰.基于场景理论的衍生品研发与博物馆展览互构关系研究[J].艺术品鉴,2020(18):126-127.
④ 陈波,吴云梦汝.场景理论视角下的城市创意社区发展研究[J].深圳大学学报(人文社会科学版),2017,34(6):40-46.
⑤ 吴声.场景革命:重构人与商业的连接[M].北京:机械工业出版社,2015:8-16.
⑥ JONES D,SMITH K. Middle-earth meets New Zealand:authenticity and location in the making of "The Lord of the Rings"[J]. Journal of management studies,2005,42(5):923-945.

特里·克拉克把三个维度具体细化为十五个子维度,分别是真实性的本土性、种族、国家、社会团体、理性;戏剧性的敦亲睦邻、违规犯罪、个性张扬、魅力时尚、正式构建;合法性的传统主义、自我表达、领导力、功利主义、平等主义。这三个维度和其子维度构成了场景的多元组成部分,场景建制需要多种特征的组合,而非单独某一项特征,才能构成独特的场景。场景的功能、文化、价值观、地域特色、发展目标等内嵌于置景和舒适物之中,从而传达出表意的符号信息和审美意味。因此,空间场景理论不但能够为考察空间发展内生力和区域文化消费机理提供方法论,还能为文化生产和价值流动的空间建构提出评估和分析的框架。

三、基于传播符号的媒介场景

在传播学的场景理论中,场景译于"context",罗伯特·斯考伯和谢尔·伊斯雷尔在《即将到来的场景时代》中提出,场景的核心是信息的智能匹配和传播的语境营造。如果说文化社会学中的场景是客观存在的实体场景,那么,传播学中的场景更倾向于是主观体验的虚拟世界。互联网形成了一个基于符号互动的数字影像世界,依据经验世界,又超越其之上,形成了一种虚拟仿真的沟通系统,使现实社会被虚拟意象所笼罩。[①] 跨媒介的传播形式与内容,使互联网构造场景的能力逐渐增强,媒介形象以再现、连接的形式,对实体场景进行了重构。跨媒介的意义表达激发了消费者的复合认知模式,消费者的视觉、听觉、触觉乃至嗅觉都得到了整合,影像符码与日常生活交融渗透,形成了媒介场景多维、流动、混合的特质。

在互联网时代,主体和要素交织共生的一体化社会空间被分解为无数微场景,网络连接和技术应用的低门槛让普通人也可以把生活空间演绎为叙事的单元,直播平台则是人们在个体化空间中完成叙事的场景,在海纳百川的液态空间中实现了"内容众筹"。在互联网平台的分发与整合下,无数场景单元之间进行互动并相互影响,逐渐成为一种数字化生活的常态。技术不再仅仅作用于如何进行空间展示,而是转向了拓展空间的普适性和流动性,进而衍生出了更丰富的场景类别、形态,以及多元化的场景组合方式。

[①] 陈伟军.网络直播的日常展演与场景魅惑[J].新闻与传播评论,2019,72(4):54-63.

罗伯特·斯考伯和谢尔·伊斯雷尔提出,移动设备、社交媒体、大数据、传感器以及定位系统五种技术力量带来了场景时代。[①] 这些技术在虚拟空间中实现了信息的智能匹配、搭建了沉浸式环境,使得消费者在网络空间可以获得丰富的感官体验。在此基础上,中国学者彭兰提出,空间与环境、实时状态、生活惯性、社交氛围是场景的四个基本要素。移动传播的本质是基于场景的服务,即对场景(情境)的感知及信息(服务)的适配。[②] 相比于空间媒介理论,媒介场景理论更加注重感知、社交、时空状态等围绕传受主体对场景进行建构的要素,单元化、个体化的意味更加凸显。吴声根据丰富的业界案例,重点考察了移动互联网时代的营销逻辑和商业模式,更加关注产品的审美价值和体验价值,在《场景革命》一书中界定了四种支撑场景的核心要素,即体验美学、空间链接、社群和数据[③]。在吴声的界定中,空间场景与媒介场景的属性和界定产生了交集,但是四项要素对媒介和空间如何进行连接和共构,仍尚未明确。

通过结合当前学界对场景概念的厘定,本研究总结出生活审美、数字资本、文化共创、情境共享这四项要素,作为考察直播媒介场景的主要参照系。其中,在内容层面,生活审美关注网络直播对空间审美要素的再现与表征,媒介表征又构成了现实生活的组成部分;在资源层面,数字资本强调直播场景对线上线下资源的桥接与价值转化;在文化层面,直播场景所包含的社交关系聚拢不同空间与媒介平台的人群,推动更丰富的文化形态与圈层共创机制的形成;在技术层面,直播场景实现了时空共享与身份叠加,通过情境共享进一步推动了空间与媒介之间的虚拟原生、虚实共生。

第二节　网络直播:新媒体场景传播的生成与建制

新媒体是各类数字媒体形态的总和,新媒体的发展伴随着"媒介化"社

[①] 斯考伯,伊斯雷尔.即将到来的场景时代[M].赵乾坤,周宝曜,译.北京:北京联合出版公司,2014(11):20-27.
[②] 彭兰.场景:移动时代媒体的新要素[J].新闻记者,2015(3):20-27.
[③] 吴声.场景革命:重构人与商业的连接[M].北京:机械工业出版社,2019:66-67.

会的发展进程,正在创造更加包罗万象的数字化世界。新媒体的概念出现在互联网发展初期,为了区别传统媒体以一对多、自上而下的传播模式,业界和学界将互联网称为新媒体。伴随互联网与移动互联网的普及,学者开始用融媒体或全媒体的概念来凸显互联网开放、融通的传播属性。本书沿用新媒体的概念,并围绕新媒体场景进行研究,一方面指出网络直播创造了一种全新的场景传播形态,另一方面强调网络直播将更丰富的媒介形态与内容加以汇聚与延伸,表演、电商、教育、游戏、咨询等线上线下的产品和服务在直播平台迅速发展,网络直播正在盘活整体化的新媒体环境。新媒体场景可以概括为一种数字化世界中围绕个体展开的感知单元,依托网络直播,这些感知单元充分结合了现实空间与虚拟世界,通过场景的"再场景化",生成新的集传播、消费、社交、娱乐于一体的数字生活模式。

在网络直播中,直播间是媒介场景和空间场景的创意结合,脱胎于现实空间,并突破时空界限,塑造了共时共享的流动场景;主播是建立连接的核心角色,通过创造个性、情感连接、创造需求、激活社群等形式,创造了新的流行文化生态,并赋予商品以意义,在其使用价值的基础上附加无形的创意价值,推动了直播带货的流行。在直播空间的建构中,直播中的空间、主播、商品等以抽象文化符号的表现形式,通过整合、再现与连接,构成一种网络空间中的理想舒适物,在提供特定功能的同时,带有鲜明的文化特征,从而塑造了直播场景的独特性。

一、融合机制:场景的"再场景化"

数字技术的发展加速了空间场景与媒介场景的融合,新媒体场景时代的到来,使媒介不再作为"真实的再现"或"中立的工具"而存在,而是能够组建现实、影响现实,成为现实的一部分。新的媒介形态联结了线上与线下的双重场景,媒介场景是信息流、关系流和服务流的新入口,空间场景则提供了媒介表征的资源基础,媒介场景也构成了人们空间认知的一部分,形成了数字化世界中虚拟和现实共构的有机体。从摄影、电影、网络视频、游戏、短视频到网络直播,媒介技术与产品不断迭代,新媒体的场景塑造能力越来越强,网络直播使人的视觉、听觉、触觉等感官具备了贯穿时空的流动能力,通过融合不同维度的要素属性,更大程度上实现文化、经济、社会等层面价值存量的激活和价值增量的拓展。

(一)符号融合

网络直播构建了一种符号化、影像化的"泛在"场景,扩大了碎片化、实时化的视听交互空间。直播场景的符号系统包括身体符号和空间影像,身体成为被阅读和消费的客体,技艺、妆容、服饰、姿势都成为一种视觉符码。直播中的空间影像是镜头下的空间,既包括专业置景的演播空间,又包含大量未被包装的生活空间,包括日常家居、户外景观等,这些空间通过平面截取的方式,成为切片影像符号。直播场景实现了符码在数字空间和真实世界中的双向流动,真人场景的演播生成象征符号,用户与主播互动,发出表情和虚拟礼物等虚拟符号,则成为观看者进行情感反馈的表征。通过人际互动,网络直播构成了光与影、幻与真交织的符码系统。从符号学角度观察,人总是通过符号传播来了解自我。[①] 超越日常生活经验的符号更加吸引人的注意力,直播对空间与符号的重组对用户产生了巨大的吸引力,创造了一种最大程度调动大众互动、共享、展示、体验热情的融合场景。

(二)渠道融合

通常商品的销售渠道包含传统零售渠道和电商渠道,传统零售渠道主要依托实体店的空间场景,要求产品销售从地理位置、定价标准、销售服务等方面发挥优势,而电商渠道则依托大数据与智能算法的精准推送功能,为消费者量身定向推荐商品和个性化页面组合。通过在直播间嵌入电商端口,直播平台将商品的营销与销售环节打通,形成了直播带货、直播带票的畅通渠道。传统零售渠道可以通过直播带货以线上走单的形式缓解线下运营压力。对于演艺业、旅游业和服务业来说,直播带票能够发挥流量新入口的功能,以低成本拓展潜在市场。此外,线上线下的融合场景建立了更为定制化的关联性渠道,直播带货中的商品标签包含文化元素、功能类型和消费群体等内容,智能算法通过小样本学习,提取产品和消费者的特征标签,能够对直播内容进行精准推送。直播全面激活了私域电商这一新的商业模

---

① PEIRCE C S. The essential Peirce: selected philosophical writings: 1893—1913 Volume 2[M]. Bloomington: Indiana University Press, 1998: 2.

式,大量中小团队和个人通过直播建立粉丝圈层,并在圈层内进行品牌运营。直播能够充分调动消费者的兴趣和购买欲,消费者购买的不是商品本身,而是一种为交易行为量身定做的渠道场景。直播通过创造更具真实性与合法性的空间场景,为消费者提供了更充分的消费动机。

(三)身份融合

场景通过重建社会关系,开启了新型的赋权模式。[1] 在互联网扁平化的传播格局中,用户生产内容具备了营销软文、用户评价、创意素材等多元化的内容,直播带货的盛行使双重场景叠加的效果更加突出。场景化是物、人和数据之间的交互传递,主体、他者、身份和经验等语境要素取代了物质的单一价值。体验者、生产者、营销者和消费者这几重身份可以聚集在同一个人身上,身份融合成为线上线下场景融合的重要属性。主播通常还承担着生活者和表演者的角色。作为生活者,主播的展演具有自发性和即时性。[2] 与可以进行后期剪辑的短视频不同,主播在表演过程中以对话方式与用户互动,并随时根据用户的反馈对话题加以调整,力求以真实性打动人。如在民俗、户外类直播中,主播将游历的所见所闻分享给用户,这些随机性的直播内容充满烟火气,更能温暖人心。主播在网络直播中需要展示自我,这体现了直播展演的戏剧性,这种戏剧性并不是专业的表演,而是超越一般生活经验的、满足观者心理需求的视听呈现。智能算法的技术支持支撑推动平台进一步挖掘主播在背景、特长等方面的特征,以强化定位的方式塑造网红,进一步促进主播生活者和表演者双重身份的融合。

(四)时空融合

场景传播是一种时空融合的体验传播。[3] 直播间不仅是主播展演的虚拟舞台,更是具有社群性的"第三空间"。[4] 第三空间是在主播和用户的情境

---

[1] 喻国明,梁爽.移动互联时代:场景的凸显及其价值分析[J].当代传播,2017(1):10-13,56.
[2] DENG Z,BENCKENDORFF P,WANG J. Travel live streaming: an affordance perspective[J]. Information technology & tourism,2021:13-14.
[3] 梁旭艳.场景:一个传播学概念的界定——兼论与情境的比较[J].新闻界,2018(9):55-62.
[4] DUX J, KIM J. Social live-streaming: Twitch.TV and uses and gratification theory social network analysis[J]. Computer science & information technology,2018:47.

互动中生成的,直播间超越了独立的物理空间和虚拟空间,是一种虚实结合、同时融入人的心理世界与共同想象的空间形态。第三空间高度依托情境互动,由社群互动、界面特效、主播引导、平台推荐等多重要素构成,构成了网络化、扁平化、聚类化的空间体验。形形色色的直播对象、异彩纷呈的生活展演在直播平台中熔为一炉,形成了一种可参与的共时空间。身处不同地点的用户通过在评论区与主播或其他用户交换感受,能够创造出"共在"(co-presence)的特殊情境。一些用户还能通过发送坐标等方式,将不同的地点连接起来,创造出在不同地方间切换的流动体验。① 场景具有"无社交,不传播"的特点,传播便意味着社交行为的普遍性,而互动是社交的本质特征之一。场景传播正是在一种深度的互动中实现信息的适配,达到精准传播的目的。② 用户通过围观获得共同在场感,使众多用户的心理能量汇聚在一起,加入观看的人越多,观看者的情绪能量越高,加之弹幕、表情、礼物的互动加持,直播常常形成狂欢的气氛。此外,共在的空间也令主播与粉丝更易缔结精神纽带,网络直播的时空状态快速塑造了大批网红,也使网红群体更加呈现低门槛和细分化的特点。

二、网络直播场景传播的特征

网络直播的出现,进一步为创意个体的线上发展提供了新契机,直播以个体化、过程化、短链化、界面化等新特征,重构了线上的文化消费模式与娱乐形态。从内容视听体验和社交关系,到经济转化与文化互动,直播正在重塑人们的文化生活与商业形态。

(一)个体化

在媒介技术的演进中,网络直播媒介人性化逻辑的延伸更加明显,直播的个体视角与个体情感特征格外突出。与短视频的"爆款"机制不同,直播强化了主播的体验过程和情感传达,并充分调动与激活用户的个体经验和感知,以实时互动的形式催生了个体情感汇聚的双向交互场,这是直播场景

---

① JOVICIC D Z. From the traditional understanding of tourism destination to the smart tourism destination[J]. Current issues in tourism,2019(3):276-282.
② 梁旭艳.场景:一个传播学概念的界定——兼论与情境的比较[J].新闻界,2018(9):55-62.

流量转化的重要基础。

个体参与汇聚,塑造数字生活空间。网络直播以个人体验和情感表达为主线,以更加个性化的话语形态,展现个人的技艺、游历、体验等。与短视频相比,直播以"人的连接"为中心,通过建立主播与用户的关系,强化内容的人格化。在直播场景中,用户不仅仅是在观看内容、消费内容,而是每个人都有具体特质和社交关系,甚至能参与直播的内容生产和服务定制环节,其分享还能够引发其他用户的兴趣。海量个体参与汇聚,以群体式的共享共在将他人与自身的生活相融合,直播正在塑造新的数字社会生活空间,并进一步激发个体的创造与创新。在数字生活空间,个体可以在更多的地方存在,体会到被同步感知的状态,穿行在虚拟与现实的生活中,信息的实体化取代了个体身份的真实性。媒体机构的主导性也在直播平台逐渐消融,通过信息互动,个体使用信息实体构筑着自己的生活圈子,直播平台的个体入口正在成为每个信息实体的数字家园。

个体情感交融,推动流量价值变现。在网络直播中,用户通过弹幕和评论与主播建立了情感的双向交互,主播和用户共同塑造场景,形成了多人参与甚至多人主导的情感体验。技艺型直播以个人的身体、服饰、声音、肢体语言等作为内容构成,满足着人们娱乐解压、虚拟社交的需求。游历型直播以旅游景区、文化展会等场景作为交流域进行直播,满足人们的好奇满足、社交陪伴等复合需求,在一定程度上强化了不同群体、不同区域的文化交流。游戏类直播则聚焦游戏玩家圈层,以炫技、教学、解说等作为内容特色,直播类型相对封闭,以直播强化游戏玩家的圈层认同感。直播空间是一种流动的情感空间,解构了其他宣传渠道形成的距离感,将用户的视角从凝视转向参与。这种新的空间构型强化了共情,在情绪的感染下,用户更易于对直播中的产品形成憧憬,这为流量的价值变现提供了基础。伴随越来越多的直播平台将电商功能嵌入平台,直播电商发展的产业链逐渐成熟。直播带货、打赏等形式以平等的视角建立主播与用户的情感连接,主播提供免费劳动力,而用户的付费则直接为主播带来了经济收入。

(二)过程化

网络直播是流动的、实时的连续影像,提供了其他媒介和传统电视直播所不具备的过程化视听体验。这种分享生活的方式,更显鲜活和生动,在激发虚实共生、身心投入的新感知的同时,更建构了新的陪伴式的交互关系。

过程化影像满足用户生活化的内容需求。在信息爆炸的互联网平台中,用户长时间消费碎片化、短平快的内容,而直播提供了慢节奏、流动性的内容形态,能够将用户的注意力沉淀下来,也在一定程度上缓解了"刷屏式"内容消费带给用户的迷失感与焦虑。直播契合了用户在不连续场景中对连贯内容的心理需求,带来了一种持续性、稳定性的动态凝视。过去,电视直播与网络直播主要呈现诸如灾难现场、体育赛事等专业化内容。新冠肺炎疫情暴发后,大量的现实生活内容进入网络直播,如出现了直播串门、直播户外生存等题材的新内容。疫情致使人们的线下活动受限,线上活动成为另一个选择。直播丰富了用户的日常体验,生成了新的影像交流与经验共享方式。随之,人们也开始期待网络直播能提供更为生动、丰富的日常生活内容。

过程化互动创建新的内容交互关系。直播的技术逻辑赋予人们更大的日常表达自由,与传统视听形态不同的是,网络直播的内容更具原生态的大众文化特质,其更注重呈现未经细加工的感性生活过程,更聚焦大众化的自由表达。借助生活经验的分享,主播生成了与用户共历的探索场景,直播者在围观中强化了自身的存在感,用户对外部世界的好奇心与探索欲得到了满足,并切身参与直播互动。在教育、咨询等直播场景中,主播和用户还原了线下直观、实时的交互方式,在新冠疫情的影响下,线上学习成为主流,阅读推广、信息素养教育、学术讲座、知识活动等主题的直播活动不断涌现。相较于视频课程,网络直播的过程化传播产生了较强的传播力和渗透力,直播场景正在延伸到生活的更多功能性领域中,直播社群也构建出了一种基于多元化内容的微型共同体。

(三)短链化

网络直播以带货、带票等多种形式,缩短了产品、服务的供应链和价值链,并推动电商新型盈利与消费模式的形成,促进了传媒产业带动个体商业高效运转和实现模式升级。

供应链整体收缩,降低多重渠道成本。供应链指的是商品或服务在生产及流通过程中,为用户进行供给的上游与下游企业所形成的网链结构。以往,商业渠道的链条包括材料供应商、出品商、经销商、分销商、代理商等多环节,企业之间通过合作共赢来谋求供应链最佳化。而直播的形式将生产者与销售者快速对接,大幅缩短了供应链,降低了商品和服务供应过程中的资金、时间等成本。不论是种植水果、中药的农户,还是民俗非遗的手工艺人,都可以直接面向消费者,进行产品和服务的展示。不同地区的商家可以突破中间商对销售渠道的垄断,使"渠道为王"的传统经济模式成为过去式。用户投入时间观看直播内容,直播间提供了供应、分销、零售、服务等多重功能,在商家和消费者之间形成短链衔接,用户观看所产生的流量加速了经济价值的转化,包括试用带货、展示带货、门店导流等,新的盈利模式逐步生成。

价值链中段缩短,大幅提升转化效率。价值链包含着设计、生产、销售、分发、售后服务等经营管理活动中的各个环节。在传统服务业中,从业者通过广告、软文等营销手段吸引旅游者抵达店面或景区,再通过商品和服务推动经济价值转化,这其中包含了多链并行的线性转化过程。而在直播平台中,价值链的重叠环节大幅减少。通过直播,商品和服务价值链中的任意环节均可快速抵达消费端,消费者甚至可以通过直播定制参与生产环节。直播汇集旅游、表演、教育等产业价值链的各主体,通过电商平台精准找到利益相关者,并通过内置和外链电商功能推动商业合作与消费达成,大大提高了信息沟通和商品交换的效率。网络直播打造了一种全新的短链经济,促进信息的流动,提升策划、生产、消费、衍生等价值链的对接效率,推动网红IP的塑造,有利于提升消费者对商家的认知度和信赖度。

(四)界面化

网络直播通过对日常生活的共时性传播,为人们提供了感知世界和与他人交往的新途径。网络直播以打破传统线性规则和秩序的新型界面,拓展了用户与空间、商品和人之间的互动关系,更全面拓宽了用户的生活体验。

界面实现场景并联,打破时空界限。直播场景通过虚拟方式呈现现实场景,具有碎片化、日常化的特征。过去,影视作品、短视频等再现影像提供了一种历时性的传播,而直播则实现了共时性的传播。直播的普及,为内容的创作、体验两端提供了实时互动界面,打破了视频影像传播的"串联"形态,形成了突破时间与空间限制的"并联"场景,大大提升了信息的流动效率。此外,界面生成了戈夫曼拟剧理论中介于理想化的前台和坦诚的后台之间的"中区",这一过渡区域能够将用户凝聚,消解碎片化信息带来的时空分隔感,还原了图文、短视频媒介带来的社会关系分裂感。界面的出现推动了传播空间的时间化和传播时间的空间化,在场景单元的形成过程中,网络直播以个体为中心,推动了人景合一、时空合一。

界面创新互动形态,拓维生活体验。网络直播创造了一种数字生活空间,正在前所未有地将日常生活以跨越时空界限和社会阶层的方式拓展到互联网世界。网络直播的数字生活空间是现实生活的延伸,现实生活的资源被转化成了数字资源,商业和文化活动都在其中运行和发展。界面在数字生活空间与现实生活之间建立了区隔,界面内外的社会资源的组织方式具有差异性,直播界面创造了一种新型的互动方式,主播与用户、用户与用户之间构成准社交关系,人们在发生于数字空间的信息互动中获得了一定程度的精神满足。在直播界面的互动中,主播以打招呼、感谢打赏、回应评论等方式拉近与观众的距离,观众通过打赏、点亮等形式传输情感。直播平台中的互动形式既有购买道具和投币打赏,又有魔法书、穿越时空等想象类虚拟操作,还包括多主播同屏PK的连线直播等。直播界面提供了层次丰富且具有高度沉浸感的场景,与线下的实景空间交互相比,这种高度符号化、扁平化的属性,将虚拟体验、社交体验、审美体验、游戏体验等融为一体,有效拓展了新媒体场景的体验维度。

网络直播持续作用于个体、社会和行业,促进共享共创,已成为社会生活发展和变革的重要驱动力。直播为人与空间、人与人赋予了全新的关系形态,将情感、事件、空间、活动融为一体,推动着媒介场景与空间场景的双维融合,催生了新媒体场景传播的新形态。直播塑造的过程化、个体化、短链化、界面化的新空间中,资源加速凝聚,关系广泛建立,多维情境生成,远方与近处、线上与线下共构的文化景观逐步成型。直播也在满足人民日益增长的美好生活需要、营造大众生活文化氛围、助力优秀传统文化传播、服务国家乡村振兴战略等方面发挥着积极作用。网络直播加速着网红经济的发展,这种新业态正在直播内容的良性发展和创新驱动下,生成全媒体内容系统,以更为丰满的跨媒介文本系统,为用户带来高黏性、高品质的沉浸体验,并进一步激发直播生态的生产力与消费力。

第二章 场景势能：
网络直播的动力系统与运转逻辑

数字技术的发展促成了空间场景与媒介场景的融合，网络直播通过场景的"再场景化"，以独特的场景势能推动社会文化经济的转型发展。本章在建立理论框架的基础上，重点关注网络直播生态系统中的动力系统，分析不同要素如何在新媒体场景的建构中发挥势能，对直播场景内外的资源、渠道、社群、技术等进行盘活与重塑，从而一方面厘清动力系统的维度划分，另一方面为后续章节各维度的运转机制与发展策略研究提供逻辑基础。

网络直播超越"真实再现"或"中立工具"的范畴，具备组建现实的能力，正在成为现实的一部分。网络直播的场景传播主要通过四重动力实现，内容力、桥接力、社交力和情境力共同构建了网络直播双维场景的"四力"势能。其中，内容力源于主播、展演、空间、产品等传播价值链的生产端；桥接力源于数字技术与媒介平台对线上线下资源的连接与转化，侧重渠道端；社交力源于消费端直播平台与社群的互动与所激发的价值创造；情境力则突破链条逻辑，从文化经济生态的视角审视直播对于社会生活的改造与形塑作用。

在"四力"势能下，内容力全面激活网络直播的生活审美；桥接力推动数字资本生成，加速汇聚跨域资源；社交力促进直播社群文化共创；情境力催化网红生态共构。"四力"势能作为网络直播的动力系统，赋能网络直播的场景传播，加速拓展网络直播行业的发展维度，使网络直播成为改变当代社会面貌的重要力量。

第一节　内容力：网络直播全面激活生活审美

网络直播通过全新的媒介编码方式，为内容呈现打开了全新的维度。网络直播在勃兴之后，以全体网民为主体，通过某种身份认同使主播和用户积极主动地创作媒介文本、传播媒介内容、加强网络交往，不断激发出一种自由、平等、公开、包容、共享的生活审美。

中外美学领域在20世纪80年代开始探讨"日常生活审美化"的问题，提出了多种解释，如用审美眼光看待日常生活、主张实现人生的审美化，以及通过为日常生活赋予意义，消除生活中一般物品与艺术品的界限。中国美学家叶朗提出，"日常生活审美化"指的是，在当代社会中，人们对于自己的生活环境和生活方式有一种自觉的审美追求，一个大审美经济时代已经来临。[①] 在20世纪末文化经济涌现之后，人们越发接受为商品的文化附加价值而非使用价值买单。网络直播通过直播展演，赋予商品和普通人审美价值，最大程度激活了数字空间的大审美经济。人们通过付出时间消费直播的审美价值，通过付费、打赏、购买的行为消费直播赋予商品的审美价值。直播带货的商品展演往往比零售店或网店的商品陈列更具吸引力，这正是直播间与主播为其赋予审美价值的结果。其中，审美的概念与艺术概念不同，审美价值取决于个人的文化品味和群体的审美趋势，具有较强的主观性色彩，因此，直播内容即便并不是精美绝伦的，也能够对社会各群体产生足够的吸引力。网络直播通过满足不同群体的审美需求，将个人活动、日常生活等平平无奇的场景叠加了本雅明所说的早期艺术品的"光韵"，实现了日常生活场景的复魅，进一步推动日常生活的审美化。

在网络直播场景中，借助直播平台共时互动的技术支持，主播与用户满足了社交需求，并获得审美愉悦，主播通过数字劳动期望获得用户的欣赏与接受，进而建构立体的自我形象。日常生活正在成为网络直播的审美对象，直播审美成了一种普遍的日常生活体验。从公域直播到私域直播，从电商

---

① 叶朗.美学原理[M].北京：北京大学出版社，2009：314.

直播到企业直播,从娱乐直播到咨询直播等,网络直播以多维技术手段深挖区域资源和地域魅力,展现了丰富的历史文化、乡土人情等文化元素。网络直播促成了一种新的审美方式,使人们有了随时随地分享日常生活的可能性。这是审美超越性和日常生活维度的统一,审美即生活。[①]

一、内容特征:从千人一面到个性多元

在新的媒介赋权下,用户主动参与内容的生产与传播过程,已成为强势的生产主体,呈现个性化、多元化的特征,促进了共享式媒介文化的生成。包容的网络直播环境孕育了多样化的主播类型,不同类型的主播风格各异,人设自由。随着改革开放的不断深入,社会开放程度不断提升,文化多元且包容,人们的媒介行为也发生了改变,人们逐渐接受超越社会身份和自我认知的新事物。各式各样的主播根据领域不同,可以划分为情感类、才艺类、旅游类、亲子类、职场类、经济类、生活类等种类。各主播类型还可实现垂直细分,以情感类主播为例,有剧情表演类的主播、单人口播类的主播、视频加解说类的主播、连麦互动答疑型的主播等类型。各领域主播及其粉丝的社交互动呈现圈层化特征。网络直播的参与者由无数"圈层化"的小团体构成,同一个人也可以分属于不同的小团体,他们通过小团体内部协同或小团体间的共同协作,参与媒介文化生产。

基于戏谑、幽默、调侃等互联网交流风格,网络直播的内容参与具有泛娱乐化的特征。在互联网环境下,无论是娱乐话题还是公共议题,以幽默的方式解构、重组和呈现话题成为信息病毒式传播的主要手段。网民在参与公共议题的讨论时,以休闲幽默的方式消解原有议题的严肃性和权威,将文化、政治、社会议题都与娱乐紧密联系在一起。网民"力量"在娱乐内容再加工上体现得尤为明显。一方面,用户意见影响网络直播内容生产的决策,另一方面,用户也会参与到娱乐内容的二次加工和传播过程中,进而延伸相关娱乐话题的产业链,成为重要的生产驱动力。值得反思的是,当网民参与生产和传播只是为了娱乐而缺乏真正的思考和实践,当所有议题都被娱乐化解构,媒体平台就可能失去原本的公共意义和社会价值。

[①] 刘保庆.微信分享与日常生活的审美化[J].中州学刊,2018(8):161-166.

借助新媒体场景,一些非主流的亚文化开始悄然流行。亚文化(Subculture)指具有共同特定兴趣、意识形态和行为特征的团体所遵循的价值体系,是与主流文化相对应的那些非主流的、局部的文化现象。当前,我国的亚文化圈包含二次元、街头、军迷、哥特、朋克等。网络直播的兴起使亚文化不再"圈地自萌",而是走向更加宽广的舞台展示自我。亚文化不断破圈,诸如汉服、同人文、COS、摇滚、嘻哈等逐渐为更多的人所接受。通过完成 UGC(用户生产内容,User Generated Content)向 PUGC(专业用户生产内容,Professional User Generated Content)和 PGC(专业生产内容,Professional Generated Content)的转化,直播内容逐渐呈现专业化、特色化和差异化的特点。在内容形态创新的基础上,网络直播结合主播、线下场景和用户三方视角,形成良性互动,推动人们对多元文化产生认同。

二、内容属性:从功能属性到文化属性

早期,我国的头部网络直播平台是将直播作为社交媒体的功能之一推出的。如果说移动设备是网络直播的载体,那么社交媒体则在很大程度上奠定了其内容气质,不同的网络直播平台在功能上特征各异。以抖音为首的社交媒体促进用户在虚拟世界中形成弱联系,微博的网络直播功能带有显著的中心化特征,哔哩哔哩(B站)、快手等社交媒体则以去中心化算法技术为依托,基于视频内容在流量池中的反应实现叠加推荐,进而吸引更多普通用户参与内容生产,这类平台更能刺激普通用户参与平台内容创作。功能属性是网络直播发展之初的主要特征,主播与用户通过发送弹幕、文字、图片等行为来实现互动,网络直播的功能属性将平台与用户有效地连接起来,满足主播与用户的双向互动需求。随着网络直播的不断发展,它的主要特征已不仅仅是功能属性,还逐渐加入了文化属性。

首先,网络直播内容带动了圈层文化的扩圈流行。网络直播的内容力将客观存在的或人为营造的空间场景转化成一种媒介符号系统,直播平台的广泛可进入性,推动了网红群体的自我表现与文化再生。网络直播的流行文化氛围,使多元文化更好地渗透进流行话语的表达域,以贴合互联网用户追逐个性、乐于创新的内容需求。网络直播能够有效带动区域文化资源的创新与转化,主播从各种视角挖掘具有传播价值的文化元素,挖掘出的内

容覆盖从宏观全貌到微观生活的各个环节。以乡村文化为例,网络直播展示了乡村人群的生活场景,唤醒了质朴的群体共性,将"靠山吃山,靠水吃水"的生活理念和各类乡村民俗进行了重塑,增强了人们对于乡土文化的认同。

其次,直播内容加速串接双维场景的传播循环。网络直播充分激活多元文化资源,并将其移至网络空间,全面拓展其线上线下的流动价值。直播场景具有一定的变化性、随机性和不可控性,这些变量丰富了直播内容,更加有利于巩固线下场景-主播-用户之间的关系。直播内容融入主播的讲解和阐释,将泛化的宣传转化成个性化的推荐,使之更加深入人心。其中,直播打赏能够与用户建立直接经济连接,促进直播内容创作,并吸引更多具有创作潜力的个体加入网络直播。借助网络直播,传统的实景演出、戏剧表演也在直播平台获得了广阔的发展空间,线下演艺和娱乐的普及性和便捷性得到显著提升。在智能传播平台,兼具草根性和话题性的直播内容被赋予更多的社会属性,这些内容在算法的分发下发挥引导热点、促进达成共识等作用。由此,直播内容高效串接了多元文化传播的网络循环,为多元产业的线上发展提供了新的驱动力。

三、内容生产:从服务经济到体验经济

2023年2月28日,国家统计局发布《2022年国民经济和社会发展统计公报》。公报显示,2022年末,全国常住人口城镇化率为65.22%,保持在60%~70%的稳定阶段,处于S型"诺瑟姆曲线"的右侧,即居民最终消费率将与全国城镇化率同步上升。

伴随"二次城市化"的深入,尤其是都市圈、城市群的发展,消费集聚与创新将加剧,成为新的消费沃土。[①] 著名思想家阿尔文·托夫勒(Alvin Toffler)就预言,"服务业最终会超过制造业,体验生产又会超过服务业",体验经济将成为继农业经济、工业经济和服务经济之后的第四大经济类型。[②]

体验经济以日常生活情境和空间为原点,营造独特的感性体验,从而获

[①] 张翼帆.中国经济2021:开启复式经济时代[J].销售与市场(营销版),2021(1):94-95.
[②] 托尔勒.未来的冲击[M].蔡伸章,译.北京:中信出版社,2006:118.

第二章
场景势能：网络直播的动力系统与运转逻辑

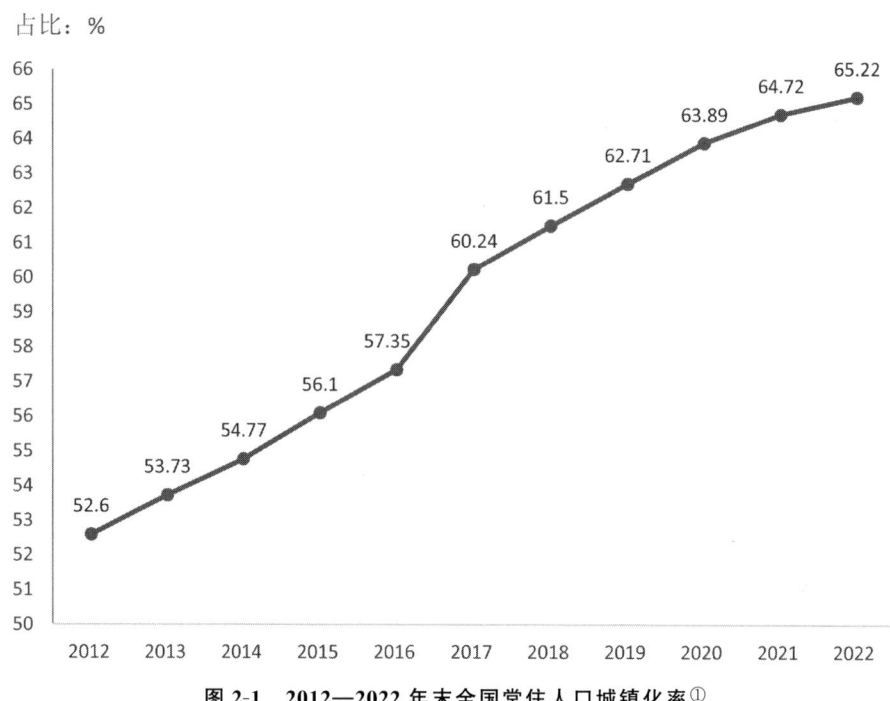

图 2-1　2012—2022 年末全国常住人口城镇化率①

得消费者的价值认同，激发共鸣，借此吸引消费者的目光，影响消费者的消费行为，在此过程中实现价值重塑，拓展新的生存空间。万物皆可"体验"，各行业皆可"体验"。比起传统经济形式侧重性价比和使用价值，体验经济以日常生活为原点，通过营造独特的感性体验带给人们幸福感和满足感。从"文博逛展热"到"汉服国潮风"，再到各类 VR、AR 体验展，人们消费的目的不再仅仅是获得商品的使用价值，更是要购买商品配套的服务以及享受消费过程中独特的体验。"万物皆娱""万物互联""万物可体验"，体验经济重构了消费者的消费行为场景，功能升级的产品、服务和独一无二的体验相融合，让"体验消费"成为当前社会经济发展的重要趋势。

体验经济与传统工业经济最大的区别在于，消费者从被动的价值接受

---

① 国家统计局.中华人民共和国国民经济和社会发展统计公报［EB/OL］.(2022-02-28)［2023-05-26］.http://www.stats.gov.cn/sj/zxfb/202302/t20230228_1919011.html.

者,转变为积极的价值创造者。体验经济模糊了消费者与生产者的界限,消费者参与价值创造的全流程,不再是被动接受成果的看客,而成为自主创造体验的参与者。互联网时代,用户媒介使用行为的自主性强,媒介消费者也是媒介生产者。以视频网站B站为例,网民截取影视作品片段进行二次创作成为该平台典型的内容生产模式。同时,B站的弹幕更是当下媒介参与式文化的典型代表,弹幕给用户提供了对视频内容进行二次解读和相互交流的空间,使用户共同参与弹幕的生产与对话。例如,借助"正道的光""好活当赏"等热梗,弹幕用户之间形成共通的意义空间,完成生产行为,并达成某种身份认同。

消费者的个性化需求,使"体验经济"呈现产品与服务的个性化特征。消费者购置商品的目标更倾向于以独特的形象展现个性,即侧重感性需求,追求某种特定商品与自我人设的吻合。消费者重视产品与自我的亲密程度,偏爱那些能与自我认知产生共鸣的产品。服务经济强调"服务",体验经济注重"感受",然而感受具有个性化的特点,人与人之间的感受往往并不相同。为了满足不同用户的个性化体验,直播需要提供个性化的内容产品和服务,这在一定程度上助推了直播内容的多元化与细分化。

从消费内容来看,大众化的标准产品日渐失去优势,人们不仅关注产品本身,更注重获取产品效果的方式。换言之,消费不再仅仅注重结果,反而越来越注重过程。为了增强体验效果,体验过程会设计更多的环节和元素,以调动消费者的全身感官,增强体验强度。网络直播通过视觉、听觉语言将信息量最大化,其感官体验优于单纯的文字或者图片。网络直播可以弥补传统图文形式无法完全展现的视觉和声音效果,通过情绪输出与氛围渲染,使内容的呈现效果更加细腻、精准与立体。基于画面的鲜活感、内容的立体度等优势,网络直播所带来的感受往往更为直观立体。网络直播场景极大增强了用户的代入感,用户的情绪被渲染、共鸣被唤起,情境消费氛围被烘托到极致,这是文字和图片无法与网络直播相媲美的。

第二节　桥接力:数字资本加速汇聚跨域资源

网络直播通过将线下资源进行线上转化,生成全新的数字资源,打通内容生产、宣传推广、融媒互动和消费变现的全流程通道。英国学者拉涅达等人在布尔迪厄资本理论的基础上，提出了"数字资本"这一概念。这一概念主要包含两重要素，一是人们在使用数字技术和手段的能力和才智，二是用户所拥有的数字资源，如计算机软硬件以及网络连接等。数字资本的界定能够进一步结合当前的网络内容生产机制，从个体视角研究资源数字化和数字生产力问题，同时，数字资本也是一种桥接资本（bridge capital），能够随着时间推移获得积累，并通过时间投入和经济投资转化为其他的资本形式，为行动者带来社会收益。[①]

数字资本的桥接功能在日常网络生活中具有重要作用，表现在两个方面。第一，数字资本能够连接线上和线下资源，网红群体与用户的线上使用和体验能带动线下资本的延展。第二，在这种流动性中，数字资本能够产生经济和社会收益，这种社会收益又能够反向促进用户经济资本、社会资本、文化资本的提升。根据布尔迪厄对于"区隔"这一概念的界定，我们不仅要看到数字资本的现象与作用，同时也要看到数字资本背后更深层面的资源分配问题。在互联网，尤其是社交网络中，数字资本作为一种对话方式，正在改变各类社会收益的增值与转化方式。

在数字化时代，随着商业、政务、生活各个领域引入数字化设备，数字设备和互联网使用技能的掌握程度将影响社会成员间的资源分配。其中，直播技术消弭了传播的空间距离和表达门槛，特别是随着5G+AI新型直播模式的入场，直播形成了高速、逼真、动态的数字空间，更易通过数字转化实现资源桥接。

一、数字资源：经济转化与资源聚集

《2023中国网络视听发展研究报告》显示，截至2022年12月，我国网络直播用户规模为7.51亿人，成为仅次于短视频的网络视听第二大应用。[②] 2022年，网络直播市场规模为1249.6亿元，占比为17.2%，成为拉动网络视听行业市场规模的重要力量和泛网络视听产业增量的第二大来源。目前，

[①] RAGNEDDA M, RUIU M L, ADDEO F. Measuring digital capital: an empirical investigation[J]. New media & society, 2020, 22(5): 793-816.
[②] 中国网络视听大会. 中国网络视听发展研究报告（2023）[EB/OL]. (2023-03-29) [2002-04-15]. https://mp.weixin.qq.com/s/a2uhYTrCVPDfqxff9H0D2Q.

网络直播已经深入娱乐、教育、商业等多个领域,发展前景广阔。2015年到2022年,中国直播市场规模快速扩张,平台盈利能力持续提升,这离不开资本的助推。

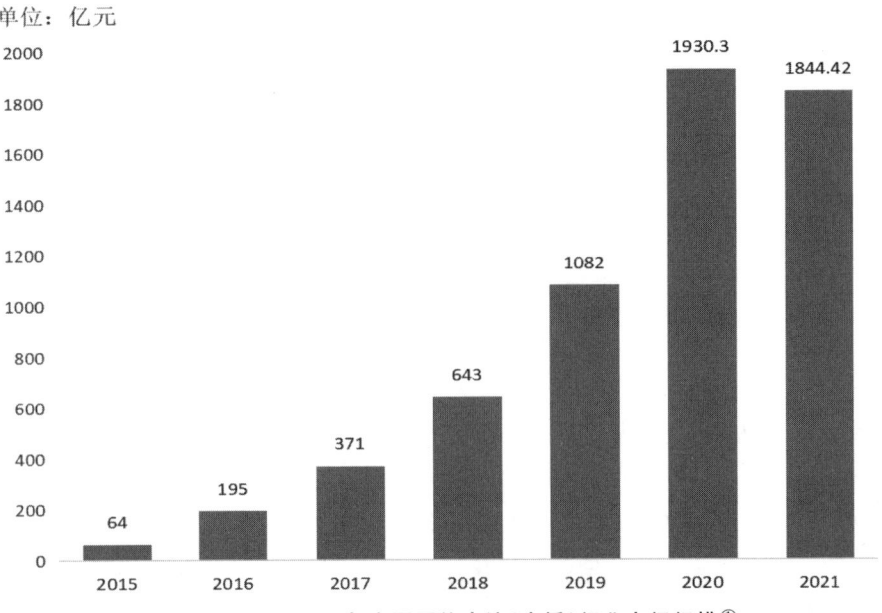

图2-2　2015—2021年中国网络表演(直播)行业市场规模①

直播行业带来的巨大经济效益,吸引了不少资本相继投入其中。2015年,欢聚时代斥资7亿元投资虎牙直播②;2017年11月,龙珠获得了腾讯1亿元的投资③;斗鱼则对外宣称已经获得红杉资本2000万美元的A轮融资④;2015年,刚成立不久的映客就获得了昆仑万维、复赛等机构近8000万

---

① 中国演出行业协会.中国网络表演(直播)行业发展报告(2021—2022)[EB/OL].(2022-08-16)[2023-05-26]. https://mp.weixin.qq.com/s/7tIhNYBDOjwDrb9YMmW94Q.
② 新浪科技.欢聚时代7亿砸向虎牙直播或将年亏4亿[EB/OL].(2015-03-06)[2020-01-03]. https://tech.sina.com.cn/i/2015-03-06/doc-iavxeafs1541927.shtml.
③ 新浪财经.腾讯再度入股龙珠资本关联基金,马化腾又做了王兴的LP[EB/OL].(2021-01-02)[2021-04-05]. https://baijiahao.baidu.com/s?id=1688642687888095250&wfr=spider&for=pc.
④ 格隆汇.斗鱼今晚登陆纳斯达克,3年净亏损22亿[EB/OL].(2019-07-17)[2020-09-05]. https://www.gelonghui.com/news/219089.

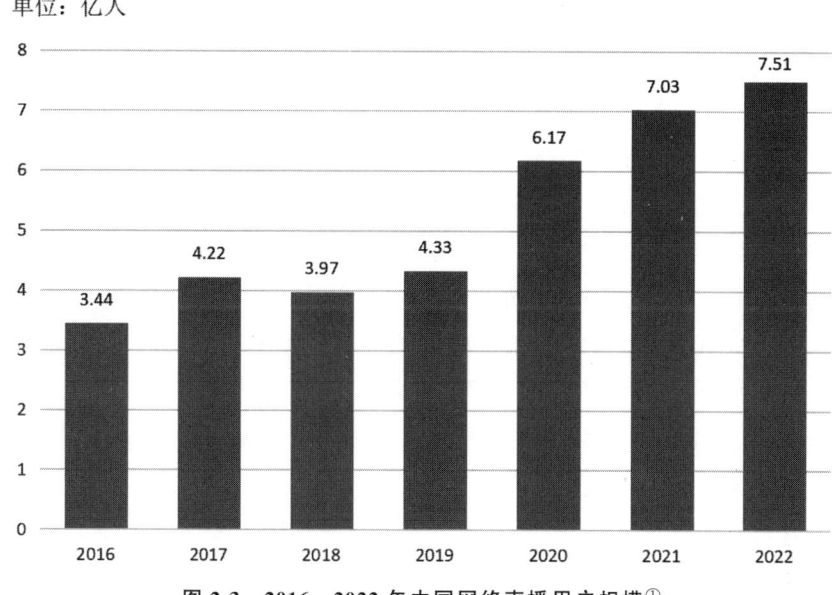

图 2-3 2016—2022 年中国网络直播用户规模①

元人民币的投资②。2019 年,虎牙直播公开增发募资 5.5 亿美元,用于建设内容生态圈和扩充电竞合作伙伴。2019 年 7 月,斗鱼直播在美国纳斯达克上市。艾媒咨询报告显示,2021 年,中国在线直播行业投融资事件数量为 12 起,总金额为 8.86 亿元。在资本的推波助澜下,网络直播由最初的分享经济模式向市场盈利模式转变,传播策略也由零散业余向专业化迈进。网络直播进入新一轮的发展,资本市场和主流媒体将关注点转向网红产业。经济效益的诱惑、媒体的助推直接导致了行业的井喷式发展,也催生了资本与巨头齐聚与投资跟风现象,直播行业进入快速粗放式发展时期。

直播加速汇聚流量,创造营收新模式。直播平台已成为连接线上与线下、生产与消费、客户和广告的桥梁。用户在直播平台中点赞、评论、转发等,均无报酬,但海量用户的自发逗留和互动参与却为资本的转化创造了巨大的价值。

---

① 图片中统计数据由本书作者根据中国互联网信息中心发布的第 30 次至第 51 次《中国互联网发展状况统计报告》整理。
② 游戏狗.映客 inke 获 8000 万元 A+轮融资,昆仑万维领投[EB/OL].(2016-01-07)[2020-09-05]. http://www.gamedog.cn/n/1544485.html.

从平台内部看,流量的增加进一步拓展用户范围,增强直播平台的用户黏性;从外部看,平台又持续吸纳商业资源,提高区域、商家与平台等主体之间的合作意愿。直播通过对智能算法的运用,依据观看记录、用户信息、标签设置和社交图谱等数字禀赋,更快速精准地向用户提供商务资讯和人文内容,并通过实时对话满足互联网用户对信息的各类需求。直播能够建立并强化主播与用户的关系,而直播付费则推动用户从问询人群转化为行动人群和拥护人群,高忠诚度人群能够激发网络直播的生命周期价值,推动多元产业的线上良性长效发展。2021年,抖音举办夏日歌会,邀请了刺猬乐队、旅行团乐队、夏日入侵企画乐队、欧阳娜娜、鱼丁糸、张惠妹、陈粒以及10位抖音音乐人参与直播歌会专场活动,票价从1元到30元不等。歌会将文旅产业中的音乐节模式转至线上,直播累计观看人次突破4000万,歌迷作为高忠诚度人群,充分拓展了音乐会直播的线上空间,并延长了其生命周期。

　　直播连接多元空间,促进跨域对话。网络直播为多元线下场景构建了数字化空间,打破了物理距离的隔阂,将不同区域的主体和资源汇聚到直播空间内,形成了远方与近处的空间共构。网络直播通过模拟现实中的场景,大大拓展了人们的活动界域,使得网民足不出户就能体验虚拟新空间,甚至能借助无人机等航拍工具游览无法亲身抵达的自然保护区,用户还可体验和了解虚拟的游戏、历史、故事、文创产品等,这都极大拓展了空间边界。直播能够实现跨越时空的信息桥接,促进不同区域文化语义和商业资源在垂直领域的碰撞与互动。在直播平台中,跨域的合作与竞争时刻都在发生,各类主播通过过程化、透明化的呈现,详细展现经济生产模式、生态保护模式、多元服务样态等,在最大范围内实现了各种行业的对话与融汇,形成了反向产业链,最大限度激发了多元行业的创新活力。

二、数字业态:直播带货与电商发展

　　在2021年全球整体经济下行的大趋势下,逆周期性的产业,如游戏产业、直播产业等宅经济行业,却迎来了爆发式增长。艾媒咨询的数据显示,2022年,中国直播电商行业的总规模达到14354亿元,预计到2025年将达到 21373 亿元。① 2022 年内有 42.7% 的用户在最近半年内因观看网络视频或网络直播而购买过商品,与 2020 年相比提升 27%。随着互联网技术的发展,以直播为代表的 KOL(关键意见领袖,Key Opinion Leader)带货模式给消费者带来更直观、生动的购物体验,这种模式转化率高,营销效果好,已经成为电商平台、内容平台的新增长动力。

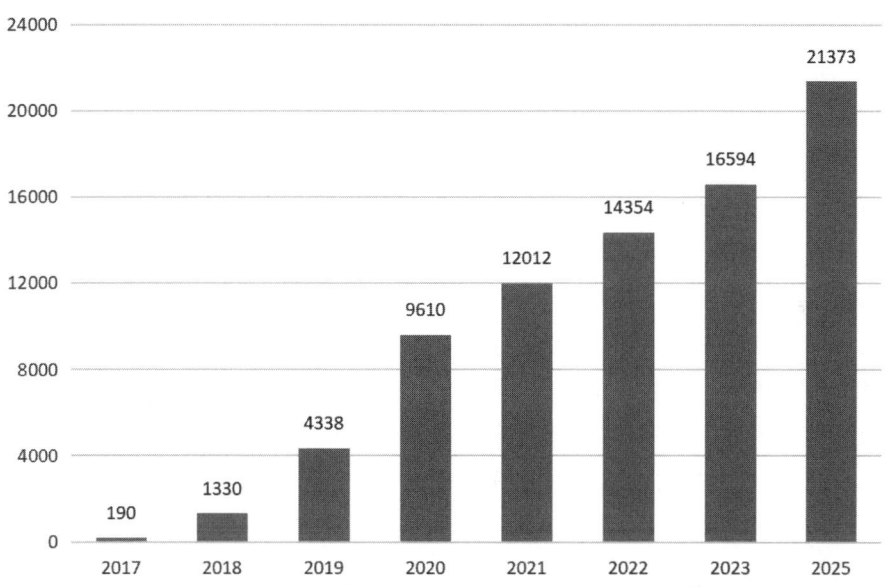

图 2-4　2017—2025 年中国直播电商市场规模及预测②

不稳定的经济环境中,投资娱乐或内容生产领域是资本寻求避风港的方式之一,这在一定程度上助推了网络直播行业投资热潮的形成。在这个过程中,直播间购物成为疫情防控之下许多网民的消费新选择。

直播电商是指以实况直播为渠道,达到营销目的的电商形式,是在数字化时代背景下,直播与电商双向融合的产物,它的核心三要素是"人、货、

---

① 艾媒咨询.艾媒咨询 CEO 兼首席分析师张毅谈直播带货主播"降薪潮"[EB/OL].(2023-04-18)[2023-05-26].https://mp.weixin.qq.com/s/WIfGI0RAtIOKqaU5ADnKRQ.
② 艾媒咨询.中国直播电商行业运行大数据分析及趋势研究报告(2017—2023)[EB/OL].(2022-06-27)[2023-05-26].https://mp.weixin.qq.com/s/bsq-yrHRab25Un85YaEuNA.

场"。相对于传统电商而言,它被打上了深深的技术烙印,具有去中心化、强标签化、强交互性和高转换率等特点。新媒体技术打破了人们原有的生活方式,建构了全新的社会形态。这种形态又同时打破了现实生活中许多人际关系的壁垒,使"群体团购""组团逛街"等成为网上购物的常态。究其原因,语言、表情符号、图画、声音等多种传播符号使得原本干瘪的吆喝卖场变成了气氛热烈的交流讨论平台。这种时空的无缝衔接恰巧促成了线下商店的场景还原,使得消费者在直播间观看直播获得的信息和体验感越来越接近于他们在实体商店所能获得的。

在电商直播平台上,每个直播间的置景都类似店铺展示。店铺内设LED电子屏幕、展架、倒计时牌等,主播相当于导购,并对商品进行全方位的展示。观众进入直播间后,可以根据自身兴趣点击购物车及链接,并与主播留言互动,主播进行相应的讲解及介绍,以便于更加真实地宣传商品及其属性。直播间还可以被分享和转发,增强直播的消费及功能属性,强化用户在线消费的购物体验。与此同时,直播间的"一键三连"(点赞、收藏、关注)功能可以被电商主播运用于分发折扣、优惠券以及红包等,有力地调动着消费者的参与热情。观众只要下单,即可自动获得优惠,免去了线下购物费时费力的排队环节。如果想"货比三家",观众还可以对目标产品实现跨直播间比对。可以说,高度还原的商铺场景实现了消费体验的在线化、泛在化。

为了获得受众的认同,主播会尽量满足受众的需求。首先,主播会尽可能地装饰自己,创造一个镜像化的形象,由妆到装,由言到行,全程都经过精心设计。空间置景都以摄像机拍摄的范围作为参考标准,画面的色调风格、摆设饰物、装饰家具等都会被精心挑选。有些非带货类直播间甚至会根据某些商家和广告的需要,在房间里暗中摆放宣传物品,以追求经济效益。此外,主播们还通过一些极具个性的话语符号拉近与观众的心理距离,例如李佳琦在直播销售中最常说的"OMG,所有的女孩都买它!"成为2019年的年度流行语,构成他鲜明的人物标签。此外,李佳琦等带货主播邀请众多明星入驻直播间,现场直呼"如果你买它,你就拥有与她相同的气质",以此为噱头来激发大家想成为明星的角色心理。

三、数字组织:平台激励壮大网红群体

随着移动互联网的普及,视频用户数量不断增长,各内容平台对优质视

频创作者的争夺战早已打响。在这之中,平台对优质内容的激励扶持计划是网红群体壮大的主要驱动因素。平台激励是指内容平台方通过特定的方法与管理体系,鼓励创作者不断优化生产内容,进而提高平台内容与主播的质量和数量。平台激励的方式主要有内容激励、流量扶持、增强曝光等。平台通过激励机制对与平台期望相符合的内容创作行为进行指引和扶持,持续吸引优质内容创作者并引导其成长,进而为建立良好的平台内容生态打下基础。内容生产者发布内容之后,能够基于播放量、点赞量、评论量等流量指标获得广告分成和平台补贴。

现金奖励、流量助推及平台资源倾斜是平台激励的三大关键词。平台试图通过密集的激励计划,吸引更多优质视频创作者入驻;视频创作者则希望借助平台的资源倾斜,快速提升自身受关注度,形成良好的效益转化。我国的各大互联网平台都推出了不同的激励与扶持计划,百家号的"百+计划"、今日头条的"青云计划",以及B站的"bilibili创作激励计划"、西瓜视频的"活字计划"等均采取直接的收益补贴或间接的流量帮扶方式,来激发创作者的创作积极性。以2019年今日头条的"青云计划"为例,今日头条投入46亿元,总共助力了1.4万名创作者,累计有12万篇文章获得补贴金。[①] 一方面,创作者为获得扶持和奖励,会进一步提高视频拍摄和制作的标准,生产更为优质的内容;另一方面,激励计划能够实现个人商业化变现,提高创作者的收入。于平台而言,这既优化了内容生态建设,又吸引了越来越多的优质创作者入驻,呈现平台与创作者双赢的局面。

除了优质内容的激励扶持,平台对于网红个人IP的打造也有流量倾斜。2019年7月,购物类软件蘑菇街发布"2019蘑菇街直播双百计划",拟面向全网招募优秀主播以及配套网红孵化机构,助力新人主播在百天内突破单场百万销售额,并计划在2019年内孵化100位销售额破千万的头部主播。在主播运营上,"双百计划"共划分两大赛道,即Start新人赛道与TOP资深赛道,分开招募新人与资深主播两个群体,根据APP属性招募的主播主要有穿搭主播、美妆主播两类。2019年,淘宝直播战略开启"启明星计划",致力于打造1000位明星成为淘宝直播带货主播,并利用粉丝经济,重构明星、粉丝、

[①] 今日头条.今日头条年度报告:创作者总收入46亿元,55万用户参与扶贫[EB/OL].(2020-01-08)[2020-11-10].https://www.sohu.com/a/365515011_116132.

产品以及服务之间的关系,最大化激发明星的经济价值。

2021年7月,抖音推出时尚创作者激励项目"超会穿企划"。平台投入亿级流量,聚焦高调性的时尚潮流内容,面向全网招募,扶持有潜力的穿搭达人。创作者在抖音站内发布有关穿搭内容的短视频,具体信息包括但不限于单纯的搭配展示、单品种草、个性化场景穿搭指南,发布完成后,平台将根据用户的视频反馈数据,给予创作者相应的活动奖励。此外,平台每天还会选出10条优质视频,每条奖励3000dou+,与此同时,因活动涨粉1万/10万/100万的时尚博主,还能够额外获得大额dou+。① 抖音站内数据显示,截至2022年2月,"超会穿企划"话题曝光度已破90亿次,昵称为"康康和爷爷"的账号位列视频播放量榜首,视频主角是一位84岁高龄的老爷爷,他在视频中时尚潮流的穿搭与他的年龄形成了巨大反差,吸引了一大批关注用户,该条穿搭短视频点赞量也高达211万次。此外,"超会穿企划"还吸引了超过2万名热爱时尚的用户分享穿搭经验,产生了大量现象级穿搭内容。

第三节　社交力:网络直播社群促进文化共创

新媒体平台的社交力主要通过参与式文化体现。亨利·詹金斯(Henry Jenkins)界定了参与式文化的内涵,它包括以较低的门槛参与文化表达、支持作品的共创与分享、获得非正式的指导、成员相信自己的内容贡献力并具有较强的社会关联感。② 当前,国内外对此领域的研究主要围绕两个方面,即新的媒体形态对文化参与和政治参与的赋权,以及大众在新媒体平台所进行的文本共创与价值协商。尼科·卡彭铁尔(Nico Carpentier)提出,参与是在文化生产场域中,大众能够与其他行动者拥有对等的对策能力和话语

---

① dou+是抖音为视频创作者提供的视频推广工具,不仅能高效提升视频播放量与互动量,还能提升视频热度与人气,吸引更多兴趣用户的互动与关注,实现提升视频互动量、增加粉丝关注、提升用户线索留资等目标。
② JENKINS H. Confronting the challenges of participatory culture: media education for the 21st century[M]. MA, Cambridge: The MIT Press, 2009: 5.

权。① 这是由不同的新媒体传播形式所决定的。早期的以一对多的线性传播形式将权力集中在媒体层面,而短视频、直播等平台则最大化地赋予个体内容的生产力。平台用户的社交是一种基于文本的社交,约翰·菲斯克(John Fiske)曾提出"受众的生产力",即受众能够根据自己的社会经验重新解读文本,生产出自己的文化,并通过社交互动,将其扩张。② 随着短视频、直播等平台的大众覆盖率不断提升,个体化的 UGC 形成良性竞争,优质的 UGC 内容更易引发受众共鸣,形成了可匹敌 PGC 甚至 EGC(企业生产内容,Enterprise-generated Content)的文化价值。网络直播大大激发了用户的参与动能,用户参与包含评论、弹幕、点赞、打赏等形式,主播更是通过直播展演,成为参与式文化中新型的产销者,网络社群基于自我营销、文化批评、商业引流等多样化的动机,在平台中参与新形态文化的共创。直播内容在个体和大众之间建立了动态的意义连接网络,平台将文化权力最大限度地交给个体,并在此基础上将社会经济生活大幅复制到数字场景之中。

社交力的源泉是用户的情感表达与互动。在直播间中,主播生产注意力资源,进而在虚拟社群中生成情感能力和感知价值;用户通过与主播实时互动,实现用户体验、线上消费和虚拟交往的融合,达成社交目的。主播通过情绪表达或氛围烘托提供丰富的情绪价值,在与用户的互动之中,实现直播的陪伴、激励的社交功能及提供归属感等服务功能。网络直播承载了人们的情感,增强了用户的感官体验,加速汇聚各类人群共时共在,并建立了多元的社群联动关系,催生了多元产业在线上发展的更多可能性。

一、社交功能:信息需求与内容服务

在我国,随着经济社会的高速发展,认知盈余现象越发明显。随着国民生活质量的整体改善,认知盈余不断形成,社会主要矛盾逐渐转变为人民日益增长的美好生活需要和不平衡不充分的发展之间的矛盾。在人们的闲暇时间增多后,信息数量巨大的互联网发挥出满足人们及时"消费、分享及创造"的需求的作用。人们对精神文化的需求也不断提升,文化消费成为资本

---

① CARPENTIER N. Beyond the ladder of participation: an analytical toolkit for the critical analysis of participatory media processes[J]. Javnost - the public, 2016(1):70-88.
② 费斯克.电视文化[M].祁阿红,张鲲,译.北京:商务印书馆,2005:151.

竞相追逐的领域,对娱乐产业的投资呈现不断增长的趋势,娱乐产业也成为最有增长潜力的投资方向。

人们通过互联网寻求新的兴奋点以排遣日常生活的无聊感,这成为网络直播越发受到大众喜爱的主要原因之一。网络直播作为互联网新兴娱乐产品,其即时共享、内容新鲜等产品特征势必将吸收大量网民在"认知盈余"状态下所产生的剩余价值。在娱乐产业的发展过程中,作为新的娱乐产品形态,网络直播也在持续发展,其内涵同样在不断丰富。网络直播以"直播+"的形式渗透到游戏、电商、美妆、旅游等诸多娱乐、文化领域,不仅提高了传播效率,也带动了其他行业的发展与转型。网络直播满足了用户获取信息的需求,用户可以学习有用的技巧、购买需要的商品,并与网友互动交流,这都体现了直播功能维度的不断拓宽。

2016年,中国著名的军事理论家和军事评论家张召忠在B站平台开启了个人的首次直播,通过对当下时事热点的解读呼吁年轻群体理性爱国。张召忠因提出了犀利且独树一帜的军事政治观点,而被观众诙谐地称呼为"局座"。一直以来,他坚持输出科普向的爱国军事教育内容,深入浅出地回答B站用户所关心的国际政治、历史、军事等方面的知识,真正做到了他所说的"学会年轻人的语言,用年轻人的方式与年轻人交流、传播国防知识"。这表明了网络直播不只是娱乐内容的集结地,还能满足用户观看直播的专业学习需求。

在网络直播中,用户除了获取学习信息,还可以走进政务、影视、时尚、旅行等各领域直播间,了解最新的信息动态。当前,抖音平台正在持续细化垂直内容的分类,包括但不限于音乐、亲子、科技、汽车、美妆等垂类;快手也在积极利用长尾效应挖掘尚未引起用户关注的价值内容。随着经济社会的发展以及人们精神文化需求的不断提升,网络直播以"直播+"的形式渗透到游戏、电商、美妆、旅游等诸多领域,将进一步满足用户获取多元信息的需求。

二、社交变迁：准社交关系的情感联结

准社会交往是随着大众媒介的流行而产生的一种新型社会互动形式①，它指的是人们在使用大众媒介时，对其中的人物因喜爱而产生某种迷恋的情感，从而发展出一种假想的人际互动形式。② 这种基于赛博空间的交往促成了人与人之间的准社交关系。互联网技术的飞速发展，冲击了原本单向的、线性的传受关系，受众不再是毫无选择权和表达权的被动参与者。在那些动辄就有数万人观看的网络直播间中，用户拥有观看、点赞、评论、转发等多种实现自我表达和传播的方式，直播打赏更是成为抬高用户在赛博空间"地位"的重要方式。用户通过多种互动方式感知他者的存在，网络直播场景成为类社会交往的最佳场合之一。

在网络直播场景中，网红群体与用户往往能够在互动社交中迅速获取交流所需的情绪能量。情绪能量是"一种采取行动是自信、兴高采烈、有力量、满腔热忱与主动进取的感觉"③。它尤其常见于虚拟的网络社交场景中，该能量随着互动双方在社交过程中的沉浸程度的提升而不断增强。当用户在观看直播时产生参与感，他们就会对观看直播这种行为产生良好的感受。正是这样良好的用户体验吸引着数量巨大的用户纷纷走进直播间。

网络直播场景中的情感联结主要基于封闭空间、共同注意力、群体认同三大因素。封闭空间是网络直播的媒介场景，是主播与用户交流和互动得以实现的基础。在封闭空间内，主播和用户针对某一对象或者某一话题进行讨论或交流，交换彼此的看法和态度，让直播场景内所有用户的关注点都聚焦在同一个目标上。随着交流的逐渐深入，情感在这场互动中的占比逐渐增加，主播与用户之间不再限于娱乐内容的分享，一些有关个人隐私的情感经历成为拉近彼此距离的有效话题，进而激发双方的认同感。由此，主播与用户在直播场景中逐渐形成一种情感联结。

在网络直播生态中，提升用户黏性是主播与平台方共同的追求。从主

---

① 田晓丽.互联网时代的类社会互动：中国网络文学的社会学分析[J].清华大学学报（哲学社会科学版），2016(1)：173-181.
② 张磊.基于个人直播间新社交场景的社会交往行为分析[D].杭州：浙江工业大学，2018.
③ 柯林斯.互动仪式链[M].林聚任，王鹏，宋丽君，译.北京：商务印书馆，2009：87.

播层面来看,他们需要在与用户的准社交关系中,不断为用户提供情绪和能量。这既是信息交流互动的重要组成部分,也是使主播与用户之间形成长期稳定关系的重要基础。平台层面也需要强化与用户的情感联结,为平台的发展壮大维持稳定的用户基础。因此,各大直播平台基于大数据算法、用户画像等技术支撑,锁定平台的深度用户,不断为其推送他们可能感兴趣的内容,确保与用户的情感联结得以持续稳定。

三、社交价值:社交圈层激活文化联动

在算法等新技术的支撑下,随着用户社交互动行为的不断丰富,互联网出现了圈层传播的倾向。人们依据自己的喜好、品味选择媒介产品,并将之传播给具有相同属性的用户群体,一个个以共同兴趣为标志的用户圈由此而产生,信息从圈内向圈外辐射蔓延,进行圈层传播。圈层的巩固与丰富也催生了网络直播内容的细分,各类不同垂类领域的主题日益丰富多元,服务于颗粒度更低的圈层用户。

社交力的驱动作用不仅表现在促进社群交往、推动经济转化上,还同样表现在助推多元文化以圈层结构进行推广传播,提高多元内容的大众认知程度上。网络直播将线下的空间体验转化成线上的符号消费,不论是网红、线下场景抑或是商品,都在直播的过程中演变成一种传播符号。用户付费的动机不再仅仅是对线下场景的憧憬,而是一种符号认同与精神支持。直播平台中网红等KOL(关键意见领袖,Key Opinion Leader)的意见倾向和态度情感正在建立起以主播为核心的圈层,汇集起兴趣较为相似的人群,主播的核心意见在圈层中发挥影响消费决策等引导作用。当前,纷繁复杂的各门类APP令用户被碎片化的内容所包围,难以做出决策,而短视频又转瞬即逝,无法给用户留下深刻印象。通过直播的圈层带动作用,商业营销从传统的平台宣传、经验分享、短视频传播发展到直播展演,从"一盘散沙"走向"主播圈层"的传播模式,进而为直播IP发酵和消费变现建立基础。

借助社交力,直播推动了多元文化的网络重塑。网络直播将客观存在的或人为营造的空间场景转化成一种媒介符号系统,借助于直播平台的广泛可进入性,在网红群体与用户的多维度社交中,推动网红群体的自我表现与多元文化的网络重塑。网络直播的流行文化氛围,使多元文化更好地融

入主流话语的表达域,贴合互联网用户追逐个性、乐于创新的内容需求。网络直播能够有效带动区域文化资源的创新与转化,主播从各种视角挖掘具有传播价值的文化元素,这些文化元素覆盖从宏观全貌到微观生活的各个环节。在直播中,观众会以主播直播过的内容为题材,共同创作出独属于某一小众圈层的话语。在网络上,观众们更愿意将自己的行为称为"玩梗"。

以快手用户"冬泳怪鸽"为例,其口头禅——"坚持,才是胜利!加油,奥利给!"让"奥利给"这个梗在网络上走红。凭借着"奥利给"式语言和满脸褶皱的浮夸表情,"冬泳怪鸽"迅速在互联网走红。"奥利给"三个字倒着读就是"给力噢",有加油鼓劲的意味,配合着"冬泳怪鸽"搞怪的表情和夸张的读音,不少网友表示"一听起来就觉得十分热血,瞬间自信爆棚"。在之后的直播过程中,无数网友涌进直播间,在评论区打上"奥利给"这三个字。在直播间外的人看来,"奥利给"三个字所代表的含义是完全不明确的。但在直播间内的观众看来,"奥利给"可以轻易地被翻译为"给力"和"加油"的意思。观众观看直播的原因不仅仅是想要观赏其中的内容,更是为了享受与主播的互动过程,共创一个小众的社交空间。

第四节　情境力:情境共享催化网红生态共构

情境的概念从感性和理性、观念和想象、有意识和无意识等层面来分析"人—机—境"的交互关系。贝德尼和迈斯特等认为,情境意识是某一个体对于特定情境产生的有意识动态反应,使个体能够对于外部事件形成若干的心理模式。[①] 国内学者吴敏等人提出了"氛围场"的概念,认为机器能够感知人机交流的特定环境和氛围,并根据交流氛围调整交互方式,从而实现自然和谐的人机交互关系。[②] 氛围场的概念有助于研究人在人机交互中对多元感知的辨识,有助于观察和识别人在随机环境状态中的变化。氛围场的概念在一定程度上解释了"人—机—境"的交互关系,情境的概念与氛围场的概念相近,可以被归纳为高度重视人机交互中的情感因素和实际环境的境况。

---

① 刘伟,袁修干.人机交互中情境认知的理论与应用[M].北京:中国科学技术出版社,2005:53-54.
② 吴敏,刘振焘,陈略峰.情感计算与情感机器人系统[M].北京:科学出版社,2018:118-119.

新的场景意味着新的连接方式。网络直播所建构的新媒体场景,正在通过重塑人与机器、人与环境的交互方式来丰富用户体验,这种体验价值也在重构着媒介社会的文化生态和商业模式。网络直播媒介能使交往双方的身体同步在场,屏幕两端的用户能够感知彼此的存在,形成新的媒介情境。[①]网络直播的情境力通过创设一个全新的场景,创造新的多元体验,进而拓展产业的价值创造来源。体验是用户根据产品和服务的内容或属性所感知到的方方面面,包括认知、情感、偏好、支持等。在网络直播中,用户体验可以分为猎奇体验、温情体验、逃避现实体验、审美体验等。用户体验的对象不仅是内容本身,更是直播过程塑造的情境,直播体验融合了线下场景、主播和界面呈现的三重视角,塑造了实时流动、主客合一的"人—机—境"关系,并通过为用户提供多元体验改变人对世界的认知方式。直播形成的虚拟在场体验,使用户与主播、用户与用户之间通过即时互动产生新的临场感。在网络直播的实践中,乡村、城镇、城市的文化生活全面耦合,生产、生态与生活立体互动,网络直播的情境力正在改变我们的生活方式和社会氛围,催生一种线上线下、个体与群体共构的文化景观。

一、共时:产销合一与参与互构

网络直播临场体验的增加为价值转化打开新的通路,有效提升了产品与服务的品牌附加值。在体验形态上,用户在直播平台建构的虚拟环境中,获得了拟真的身体临场感,并在主播和其他用户的互动过程中增强了社会临场感,这是一种介于虚拟和真实之间的临场体验。此外,网络直播强化了新形态体验的共时性与沉淀性,刷新和拓展了体验的边界,最终将各类线下空间场景转换为线上的娱乐场景和支付场景,为直播方和平台带来新的创收方式。直播的临场感往往在主播的烘托下形成一种抢单的氛围,促使用户快速做出消费决策。在这样的逻辑下,直播有效加速了文化资本、社会资本的汇聚,并通过数字资本的转化,高效推动网络直播情境转化为经济价值。

用户在网络直播中的互动形式兼具在场与在线的特性,用户通过界面

---

① 张丽华.阈限性情境:经由直播媒介的身体实践与关系变迁[J].新闻记者,2021(3):3-14.

对主播的直播活动和线下的空间场景形成双重"凝视",文化的表征方式也由此发生转变。在直播技术支撑下,网络直播在一定程度上强化了内容的视觉化。此外,网络直播在一定程度上提升了线上与线下的融合程度,例如传统实景体验的线上延伸,直播内容的线下"复刻"等。虚拟与现实的相互影响、相互融合,成为许多行业未来拓展业务边界的重要思考方向。此外,与亲身体验相比,许多时候,网络直播场景的空间互动并非用户的自主选择,而是用户通过主播或摄像机的视角观看,"视角"本身也是一种被二次加工的内容表现形式,用户与线下场景之间是一种被动式、中介式的交互方式。直播的交互过程也发生着区域文化、主播个体思想等层面的交融与碰撞。

直播付费推动多元产业新业态的形成。直播所形成的社群连接将多元主体和商业渠道有效汇聚,以信息传播、福利分享、情感支持为聚合力,将社群文化转化为社群经济。在单场直播中,主播通过情绪传导与气氛感染,促使用户完成打赏、下单或促成线下客流转化;观者通过在直播中投入注意力和消费力,积累消费意愿,完成消费行为,在此过程中,社群经济的动态循环生成了。在直播生态中,公域流量一般来自"用户随机访问+商家销售",专业转化率较低,用户黏性有限,而私域流量拥有较强的流量转化率,通过强社交关系实现信任变现。直播带货通过汇聚私域流量,转变了人们的消费行为,将"在场"体验转化成了脉冲式、碎片化的消费行为。直播产品与服务的线上消费愈发能够满足消费者的需求,催生了脉冲式、碎片化的多元产业新业态。

二、共情:大众心理与社交需求

我国正处于从传统社会向现代化社会转型的过渡时期,人们的社会心理往往会与时代发展相吻合。技术与经济的快速发展、社会竞争的日趋激烈、人们在生活中积累的压力值不断升高,这些因素提升了人们对娱乐消遣的需求,传统的表演产业依托线下形式,时间与经济成本高,因此,人们越来越渴望新的展演渠道出现。网络直播搭乘着新媒介发展的快车应运而生,受众通过观看网络直播来实现情绪的宣泄以及精神的释放,主播通过在直播平台上秀自己的生活或才艺,达到展示自己和抒发情感的目的。

网络直播具备显著的实时共享性与多元互动性特点，主播的互动与用户的反馈同步进行，直播是主播和用户在即时互动中共同完成的。网络直播极强的在场性与实时互动性特征让每个人都变成了信息的制造者与传播的参与者，它使得信息的传达变成了多元的互动与共享。虚拟社群中来自陌生人短暂的社交互动，让用户觉得自己的出席很重要，让用户在看到或听到某些反馈时，觉得自己的参与成了直播活动的一部分。用户在直播平台可以让喜欢的主播回答自己的问题，送出虚拟礼物就能让主播说一句"谢谢"或者"爱你"，并在公众面前念出自己的名字。[①] 这些社交形式表明，当用户在社群中的作用被强化时，他们心理上的满足便达成了，受众的社交需求也得到满足。

在媒介不断发展演变的历史过程中，携带不同意识形态的媒介造就了不同的文化产品。正如塞尔日·莫斯科维奇（Serge Moscovici）所言，每一种文化都具有历史合理性。随着互联网技术的不断发展，当今，人们的生活正在发生日新月异的变化，在此基础上，网络文化在大众文化消费中占据着越来越重要的地位。网络直播和网红群体的核心"卖点"，恰恰是满足当下大众的诸多心理需求。例如，网络主播在直播过程中的一举一动都被摄像头外的千万双眼睛盯着，这样的娱乐模式如此受到追捧，排除一些技术因素，原因还在于其迎合了大众的集体偷窥和围观心理。

2017年5月27日，"王健林的一天"通过熊猫直播和网易直播两个平台进行了全程直播，这场直播意在宣传王健林视察南昌万达文化旅游城的活动，直播人数最高峰达到30万人。作为商界知名人士的王健林自带巨大流量，24小时的全程直播也满足了用户对名人私生活的围观欲望。这种视觉围观行为能轻而易举地满足人类内心深处的窥视欲望。"环形监狱"的隐喻很好地说明了在网络直播中主播与观众之间的关系。一方面，围观是一种权力，网络直播综合"共同参与"的视听感染力，在更高层次上满足人们分享经验及窥探别人生活的需要。另一方面，"被围观"的主播们也渐渐开始主动营造"私人场景"，将普通的日常生活细节展示给粉丝，以达到引流的目的。

---

① 舍基.认知盈余[M].胡泳，译.北京：中国人民大学出版社，2012:26.

以上这些特性都为网络直播增添了不确定性。从传播学的视角观察，屏幕的区隔和相对闭合式的直播空间，消除了人们在传统的面对面社交中可能产生的恐慌感。与其他社交应用相比，网络直播的互动虽然是短时间、弱关系的，但涉及的个体数量巨大，补充了社交安全感。此外，这种互动所具有的不确定性和强时效性，使得实时直播具有了悬念。鲜有修饰的画面、主播想法的真实表达、大量粉丝的无门槛涌入、不可预知的直播走向，这些因素全方位地打造出一场场集体参与的视听狂欢，吸引着新老受众加入其中，这也是网络直播具有持续吸引力的原因。

三、共生：数据身份与数字生态

信息创造和改造的本质是数据化，对海量信息和数据的沉淀与竞争，有助于行业变得更加合理并得到不断优化。大数据在互联网环境中无处不在，用户在互联网上浏览和消费的一切都来自数据。在赛博空间中，网民依托其数字身份实践数字行动。基于数据身份，网民可享受个人身份自主权的维护、隐私数据的保护以及数字体验等。例如，在网络直播中，无论是用户还是主播，都依托其数据身份进行直播活动。

技术的发展逐渐丰富数字身份的内涵，许多虚拟的网络个体成为现实空间与赛博空间的重要存在。例如，随着直播带货规模的扩大，直播带货已不仅仅满足于人类主播带货了，虚拟主播洛天依便成为国内首位开启"带货"的虚拟偶像。洛天依是由上海禾念信息科技有限公司在2012年推出的首个拥有中文声库的二次元虚拟偶像，其家族式的运营模式组合包括除了洛天依以外的5个虚拟偶像。近年来，随着二次元文化逐渐被更多人接受，虚拟歌手洛天依的关注度和商业价值已不逊色于真人明星。截至2023年5月，洛天依微博粉丝人数已达545.3万，B站洛天依官方账号则拥有粉丝323.4万名。2021年5月，国内首个超写实数字人AYAYI在小红书发布了第一篇笔记，阅读量近300万，账户一夜间涨粉近4万。同年9月，AYAYI宣布入职阿里，成为天猫超级品牌日的数字主理人，二者将共同开启元宇宙的营销世界。AYAYI的上线火速吸引到了各大品牌抛来的橄榄枝，她不仅与娇兰、LV达成合作，还受邀打卡了迪士尼、空山基线下活动。截至2023年5月，AYIYI在小红书的粉丝量已达到12.6万，获赞数与收藏数达31.5万，成为新晋的虚拟KOL网红。

科技进步不断优化着人们的视觉体验,也潜移默化地改变着用户消费偏好。2021年3月,国家将虚拟数字技术的发展纳入《中华人民共和国国民经济和社会发展第十四个五年规划和2035年远景目标纲要》,实现虚拟数字技术创新已成为今后我国实现产业创新和成为技术强国的必经之路。随着智能手机和消费级VR硬件的应用,虚拟偶像、虚拟数字人的发展开始进入快车道,它们开始频频出现于晚会、脱口秀、短剧、直播等场景中。在未来5G技术快速发展的背景下,虚拟偶像、虚拟数字人与AI、VR等技术的融合会更加明显,虚拟数字人的延展应用也会更加丰富,或将解锁更多虚拟沉浸式的品牌传播方式。

在互联网行业,如果无法数据化,就很难升级优化。大量的数据积累是内容、服务、消费不断进步的前提,有了大数据的支持,才有优化的可能性。网络直播行业的发展和行业规范的形成离不开数字技术的支持。作为互联网信息服务的重要组成部分,飞速发展的网络直播行业要形成规范,必须获得大数据的支持。网络直播行业具有进入门槛低、发展门槛高的行业特点,吸引了大量商业资本进入。在利益驱使之下,不少新型直播平台不断涌现,但最终"存活"下来的屈指可数。数据化的过程也将网络直播行业重新带回理性的发展方向上。此外,近年来直播行业的井喷式发展为平台方攫取了大量流量,沉淀了巨量的数据资源。这些数据资源需要科学的数据化整合与沉淀,用以进一步引导行业良性发展。

第三章 场景复魅：
网红群体的展演变迁与生活转向

互联网技术的迭代升级，为人们的交流提供了丰富便捷的渠道，也在不断改变、突破着传统的人际交往模式。随着网络直播的发展，一些依托于互联网生长的新群体、新文化、新现象应运而生。网红群体就是包罗万象的互联网生态中一类极具特色的群体，也是我们洞察网络直播现象的重要窗口。

网红，即"网络红人"，一般指由于某种原因在互联网上受到大量关注从而走红的个体。[①] 网红的演进历程与互联网技术的发展密切相关，从20世纪末互联网兴盛之初发展至今，已经走过了20余年的历程。从Web1.0时代以文字取胜的网络写手，到Web2.0时代以图文吸睛的另类草根红人，从Web3.0时代利用社交媒体走红的网络达人，再到如今Web4.0时代通过直播引流变现的职业主播，网红群体的发展史深深铭刻着时代烙印，反映了20余年间媒介技术的变革与社会的演进。

今天，移动互联网进入迅猛发展阶段，网络空间显得愈发五彩斑斓。网络直播所塑造的时代环境和社会需求土壤以及所引发的媒介变革，使网红现象出现了明显变化。网络直播不断融入人们的日常生活，网民可以通过直播展示多样的生活面貌、传递多元的价值取向、满足多样的心理需求。虽然网红良莠不齐，直播平台也一度出现"审丑"趋势，但新事物的发展总会经历野蛮生长、批判反思、引导治理、高质量发展的螺旋演进道路。

本章将从历史维度对网红群体的发展进行脉络梳理，分析不同时代的社会环境是如何影响网红的生成与流变的，同时，本章将从网红场景的建构特征角度分析直播对网红的塑造机制。

---

① 吴志远,江潞潞.身份的"转场"：中国文化类"网红"的嬗变与更替——基于互联网史与社会心态的质性研究(1999—2019年)[J].新闻与传播研究,2021,28(6):74-93,127.

第一节 "网红"的发展脉络

网红的演进脉络与互联网技术的迭代息息相关,网红的内涵与外延也在技术与社会的互构中不断丰富和拓展。依照互联网技术以及媒介形式的发展历程,网红的演进历程可以被相应地划分为论坛时代、博客时代、社交媒体时代以及视频直播时代四个阶段,梳理不同时期网红群体的特征,有助于人们更充分地理解其不断沿革发展的时代动因。

一、萌芽出场:论坛网站时代(1995—2004年)

互联网技术在中国的不断发展,为网红群体的萌芽提供了必要的场域空间与技术条件。1994年,中国迈入互联网时代。当时的互联网和计算机是需要一定技术与知识储备的新生事物,国内高校与科研院所最先兴起论坛网站的流行热潮。1994年5月15日,中国科学院高能物理研究所建立了国内第一个Web服务器,推出中国首套网页,介绍高科技发展情况。1995年8月,"水木清华站"论坛正式运行,人气颇高,其他高校也陆续推出类似的BBS论坛。这种集发帖互动、娱乐讨论和游戏功能于一身的网站,很快受到了高校师生的青睐。随着使用人数的增加与应用范围的拓展,论坛中逐渐出现了一些发帖量大、互动量高的用户,他们获得了其他用户的记忆与关注,网络名人的端倪开始从高校BBS论坛上显现。

随着家用电脑的逐渐普及,互联网开始走进更多人的生活,大批网民用户随之产生,为网红的出现奠定了技术基础与群众土壤。由于高校BBS通过筛选IP地址将用户局限为高校内部的师生,很大程度上无法满足社会网民的应用需求,这为市场上面向大众的论坛类网站提供了机会,一批具有代表性的论坛网站兴起了。1998年,西祠胡同上线,成为国内首个大型综合社区网站,"自由开板,自主管理"的操作模式受到网民的欢迎。[1] 1999年,天涯社区成立,成为当时中国最大、最有影响力的网络社区。[2] 这些论坛社区在

---

[1] 曹三省,刘吟风,王辛悦.中国网络社区进化论[J].互联网经济,2015(Z1):96-103.
[2] 魏寿华."天涯"现象:网络论坛是怎样炼成的?[J].新闻战线,2010(4):25-27.

第三章
场景复魅：网红群体的展演变迁与生活转向

技术架构上与高校 BBS 相似，主要区别在于其准入门槛更低、内容更多元、用户来源更广泛、主体异质性更强，契合了当时网民群体渴望拥有公共讨论空间、参与交流的需求。

在论坛网站时代，一些网络写手已经具备了一定的网络红人形态与特征。他们以文字能力见长，知识水平较高，他们的 ID 在论坛中具有高人气，拥有一批喜爱他们作品的追随者。1998 年，台湾作家痞子蔡创作的网络言情小说《第一次的亲密接触》，被认为是"网络小说开山之作"。[①] 同年，内地作家安妮宝贝开始在文学网站上发表文章，创作出《七月与安生》《八月未央》等红极一时的网络文学作品。他们也因此成为这一时代网红的代表性人物。在尚不具备图文传播能力的时代，网友们对这些网络写手的颜值、身材并不关注，而是更注重他们对文字的运用、对故事的构思。不同的文字网红的走红过程各不相同，但其在主体构成、走红逻辑以及功能影响上具有一定相似性。

首先，从主体构成来看，网红主体力量以知识精英群体为主。这与中国的互联网进程以高校为起点有关，论坛网站所建构的交流场景亦起到十分重要的作用。在论坛里，用户的基础构成便是高校师生，他们整体而言知识素养较高。人们的交流以兴趣话题为纽带，互动方式以文字发帖、回帖为主，这让展示才华、以文会友成为论坛互动的主要形式与目的，譬如文学创作、时事讨论、专业知识讲解等。因此，在某方面拥有知识特长且善用文字表达的人更容易获得大众的认可。

其次，从走红逻辑来看，网红的人气积累主要通过个人高质量的内容输出来实现。在网络论坛中，帖子/文章质量的高低直接决定着点击率、回复量的多少，这些指标也直接关乎网红在论坛中的等级、地位以及论坛话语权。其中，高质量的内容往往伴随着思想和观点的输出与扩散，对于那些学历高、表达意愿和文字能力强的知识分子而言，网络论坛成为他们突破传统媒体限制、表达思想的新空间。

最后，从功能影响来看，这一阶段的网红影响力主要体现在社会文化层面，直接经济影响力并不高。对网红个人而言，论坛人气与等级很难转化成

[①] 陈江平.文学艺术鉴赏[M].重庆：重庆大学出版社，2010：143-144.

现实中的经济收益,只有通过个人成果向传统行业的流动与转化才能获益。比如,写手个人转型成记者、作家、编剧,或是将作品出版、改编,从而获得版权费。例如,痞子蔡凭借《第一次的亲密接触》的出版畅销,获得了超百万元的经济收入。此后,安妮宝贝、南派三叔等一批网络写手继续沿着这一路径前行,依靠网络文学作品的出版及授权实现经济利益转化。

简而言之,Web1.0 时代的网红群体初露端倪但尚未成型,是网络用户中的极少数群体。在这一时期,网红的形成具有一定门槛,对文字能力、知识储备的要求较高。同时,网红尚未形成清晰的粉丝群体与组织架构,网红经济与相关产业的发展较为迟缓。

二、持续发展:博客微博时代(2005—2011 年)

随着互联网与中国社会不断发生交融和碰撞,越来越多的普通人通过网络认识世界、碰撞观点,这为草根红人的成名培育了社会文化土壤。2005—2011 年,中国网民人数由 1.1 亿人增至 5.1 亿人,2008 年起,中国成为世界上互联网使用人数最多的国家,网络在高等学历人群中的普及率超九成,趋于饱和,网络的使用人数在高中/中专等学历人群中增长迅速。[①] 2005 年,新浪博客正式运行,凭借"零进入壁垒"的信息发布方式,极大地便利了个人表达与信息共享,国内互联网的普及应用进入加速期。同时,更高速的图文传播模式使视觉冲击力成为网红吸睛的重要因素,许多网络流行语也开始盛行与扩散,网络空间的狂欢特性增强,恶搞与调侃、狂欢与整蛊、解构与虚无成为当时网络文化的典型特征,大众对网红群体的态度也进入审美、审丑与审怪并存的时期。

在此阶段,网红多以图吸睛,如靠晒美景、美女,用视觉上的"美"吸引他人阅读;或以搞怪作秀、雷人雷语、夸张炫富来吸引眼球;更有甚者为搏出位,靠一些低俗、恶俗行为制造话题。在此背景下,各类网红层出不穷,他们依靠图片引来吐槽或热议,借此成名。与前一个阶段相比,该阶段的网红群体产生了一些新变化。

[①] 中国互联网络信息中心.第 29 次中国互联网络发展状况统计报告[EB/OL].(2012-01-16)[2022-03-18].http://www.cnnic.cn/hlwfzyj/hlwxzbg/hlwtjbg/201206/P020120612484958777344.pdf.

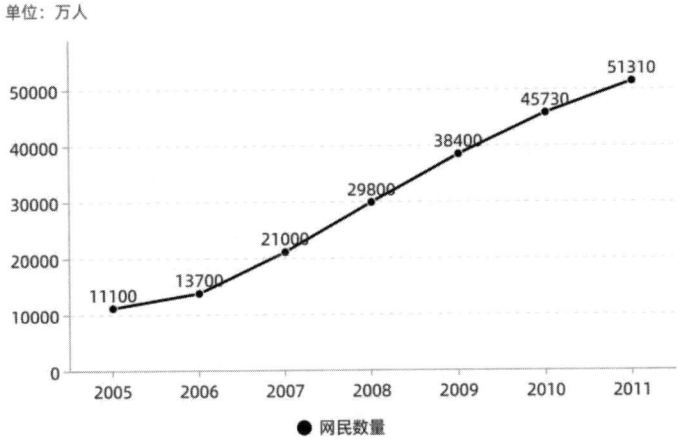

图 3-1　2005—2011 年中国网民规模①

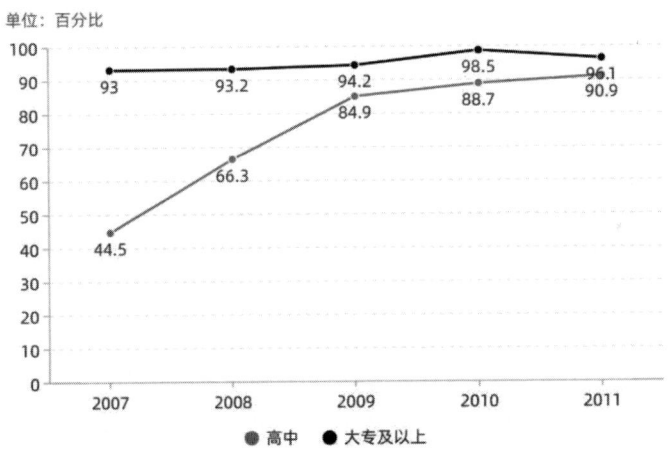

图 3-2　2007—2011 年不同学历人群互联网普及率②

---

①② 图片中统计数据由本书作者根据中国互联网络信息中心发布的第 18 次至第 29 次《中国互联网络发展状况统计报告》整理。

从主体构成与走红逻辑而言,这一阶段的网红出现了类别分化。首先,原本活跃在论坛中的写手网红转移到博客/微博,建立起个性化社交平台。随着粉丝数量增长,他们逐渐演变为"网络公知"或"意见领袖"。其次,名人明星成为网红新成员。传统的演艺明星、社会各界名人通过博客/微博建立自己的发声平台,积累人气。例如,演员徐静蕾在博客中自称"老徐",以率性的表达、真实的文字受到网友的广泛关注。此外,还存在一类"草根红人"的走红方式,即依靠另类的言行引发关注、成为红人。2005年初,"芙蓉姐姐"发布一系列摆出扭捏作态的照片,配以夸张的文字,在众人的吐槽中成名;"凤姐"的走红路径和"芙蓉姐姐"大同小异,她依靠夸张的"雷人"言论吸引眼球,这种"审丑式"网红的出现与网络恶搞文化的流行呈现相互促进的图景;又如"天仙妹妹""奶茶妹妹"等凭借清纯形象的照片走红,背后却存在网络推手的运作。这一时期,网红的走红逻辑是凭借"有图有真相"的方式,依靠出格行为或另类现象博人眼球,并出现推手炒作现象。

就影响力而言,这一时期有了更为直观的数据标准,即网红的粉丝量。博客和微博兴起后,网红的知名度能够通过粉丝数量直观体现,粉丝数量成为评判网红影响力的量化指标,网红的经济效益开始显现。但由于相关产业链并不完善,网红的变现途径尚不清晰,尤其是对于草根网红而言,走红并不一定能够给他们本人带来经济利益。2010年,流浪汉"犀利哥"因一组抓拍照片受到关注,画面中的他衣着不整却依然拥有帅气外形,引人好奇。可以说,他与"甜野男孩"丁真的走红逻辑大同小异,但因当时缺乏合适的展示平台与包装规划,"犀利哥"在参与一些商演活动后,消失在大众视野中,网红身份并未给他带来相应的经济利益。

整体来看,2.0时期的网红受到图文传播技术发展、网络用户多元化的影响。在走红逻辑上,"审丑"式网红现象出现,契合了当时的网络恶搞文化背景;在经济影响上,网红成名的背后出现网络推手、炒作现象,成名后的草根红人依靠名声努力寻求变现,但在这个阶段,成为网红还不能直接指向经济效益的获取,互联网中尚未形成规模化和产业化的网红经济。

三、垂直分化:社交媒体时代(2012—2016年)

网络技术发展带动社交媒体升级,微信、微博等成为新颖的社交媒体形式,信息的发布与接收更加高速便捷,网红群体也迎来繁荣发展时期。2012年,中国使用手机上网的人数首次超过使用电脑上网的人数,尤其是在农村地区,移动互联网的普及使许多人跨过PC时代直接进入智能手机时代。①随着时间的沉淀与粉丝的积累,网红开始从现象化走向专业化、产业化,专业的经纪公司和孵化机构应运而生。

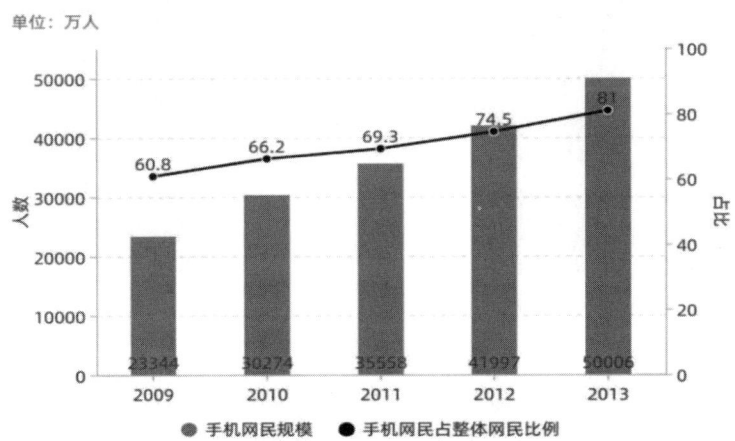

图 3-3　2009—2013 年中国手机网民规模及其占网民比例②

与前两个阶段相比,这一时期的网红呈现更加多样化的特征,经历了2.0时期的野蛮生长,大众对无底线"审丑"和搞怪的判别力与免疫力逐渐提升,对网红的需求逐渐进入审美与寻求娱乐阶段。这一时期,娱乐性、趣味性强或具有独到见解的、以内容见长的"段子手"网红,和以颜值见长、具有消费符号意义的电商模特成为具有代表性的网红类型。

"段子手"网红的主要特征是定位精准、深耕垂直领域,他们的内容兼具娱乐性与观点性,呈现形式独特新颖。段子手们的走红,初期一般是靠个人

---

① 中国互联网络信息中心.第32次中国互联网络发展状况统计报告[EB/OL].(2013-07-17)[2022-03-18].http://www.cnnic.cn/gywm/xwzx/rdxw/rdxx/201307/W020130717431425500791.pdf.
② 图片中统计数据由本书作者根据中国互联网络信息中心发布的第25次至第32次《中国互联网络发展状况统计报告》整理。

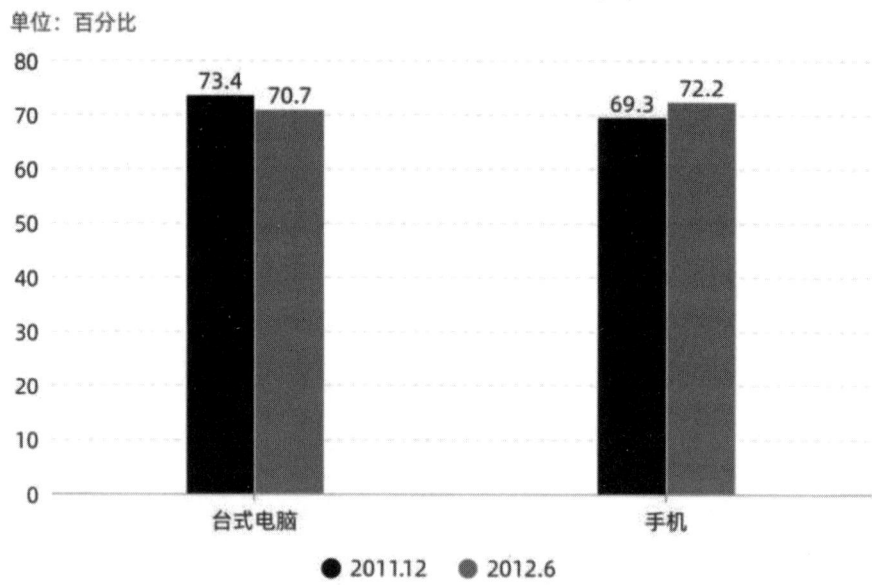

图 3-4　2011—2012 年网民上网设备对比①

的内容生产获得影响力与关注度,内容主题一般具有较强的个人风格,辨识度较高。例如,微博红人"同道大叔""谷大白话"等,他们或依托自身垂类分享的能力,或凭借优质内容创作资源,成为社交媒体时代"段子手"网红的典型代表。

　　随着新浪微博的迅速发展,以"随时随地发现新鲜事"为主张的新型社交媒体为人们提供了参与、互动、分享的平台,给这一时期多样化网红的出现与发展提供了土壤。新浪微博作为主导性的社交媒体平台,具有以下特点:首先,其较低的准入门槛使得普通人也可以开通账号分享日常、互相沟通;其次,在微博平台上,信息传播更具时效性与广泛性,微博一经发出就可在短时间内迅速扩散,文字、图片、视频等形式的内容都有被成千上万人评论、转发、点赞的可能,人人都能"被看见"也成为社交媒体时代的主要特征。

---

①　图片中统计数据由本书作者根据中国互联网络信息中心发布的第 25 次至第 32 次《中国互联网络发展状况统计报告》整理。

第三章
场景复魅：网红群体的展演变迁与生活转向

在这一背景下，微博的崛起无疑为网红的发展带来巨大契机，也为网红的成名提供了切实可行的操作平台。

自2014年7月起，"同道大叔"开始在微博上创作星座吐槽漫画，吸引了星座爱好者的注意。之后，他又创造了符号化的"同道大叔"形象以及十二星座形象，并将其以漫画形式表现出来，还为每个星座设计特点鲜明的专属卡通形象。这种将星座文化与卡通动漫相结合的表现方式，视角独特新颖，而且"同道大叔"发布的内容观点犀利又有趣，在短时间内迅速吸引了大量年轻人的关注。截至2023年5月，"同道大叔"微博粉丝数量达1844.9万人，被转发、点赞、评论数共计2.05亿次。

另一网络红人"谷大白话"致力于将美剧、脱口秀"还俗"，获得网友的广泛好评。"谷大白话"在实际生活中是一名英语教师。他用接地气的中文将英文段子本土化，中译文通俗又不失原文本中的韵味，提供了本土化翻译乃至国内外文化交流的实践样本，成为社交媒体时代定位精准、深耕垂直方向的代表性网红博主。截至2023年5月，其微博粉丝数量达1320.4万人，被转发、点赞、评论数共计9719.4万次。

从"同道大叔""谷大白话"在社交媒体时代的爆红可以看出，这一时期，网红的内容涉猎范围非常广泛，吸引了不同垂直领域的粉丝关注，映射出普通微博用户通过深耕垂直领域而积累粉丝、获得红利的过程。发展至中后期，他们大多会与公司签约，由公司为其制定推广运营策略，继续扩大影响。从2013年起，中国段子手公司"三巨头"牙仙、楼氏、鼓山相继成立。据报道，这三家公司签下了中国90%的段子手，粉丝累计超三亿人，段子手网红成为一种职业，商业运作模式日趋成熟，并衍生出一套行业规则。[①]

此时期的另一类网红代表是电商模特网红。在社交媒体时代，技术赋权使得平台用户日益活跃，各类网红更易拥有庞大的、黏性强的粉丝群体。与此同时，2012年至2016年间，我国电商平台加速布局、积极造势，不断通过"双十一""618"等活动激发消费动能，打造全民购物节。于是，网红带来的高流量与电商平台的高盈利催生了"电商＋网红"的新模式。在技术变革、平台推动与资本加持之下，电商网红也由此成为社交媒体时代具有代表

---

① 曾鸣.段子手军团的崛起［EB/OL］.（2015-05-12）［2022-03-18］.http://www.gq.com.cn/celebrity/news_1513315cd4428db8.html.

性的网红类型,网红张大奕是其中的代表人物之一。

作为一名电商模特网红,张大奕主要通过"打造人设、分享引流、店铺变现"来吸引流量并盈利。起先,她通过个人微博分享穿搭照片,打造美丽、有气质的人设。在她的图片中,从场景、器具到服饰、妆容,众多元素都经过精心设计,建构出一幅精致的消费主义图景,契合了经济高速发展下人们对外在形象的追求,吸引了大批粉丝。随后,她利用积累的影响力为个人服装淘宝店铺引流,她的粉丝便顺理成章地转化为了消费者。

在张大奕的背后,是来自专业电商网红经纪公司"如涵控股"的管理与运营。这类网红经纪公司能够打通"供应链+代运营+经纪人"三大环节。在供应链端,公司与代工厂开展合作,为网红品牌贴牌生产商品;在代运营端,如上新、宣传等店铺经营工作被交由专业人员负责;经纪人端则负责对网红的包装、营销与孵化工作。2019年4月,如涵控股赴美上市,成为国内首个在纳斯达克上市的网红电商公司。

在"网红个人+专业公司"的运营模式下,截至2023年5月,张大奕在微博平台拥有1116.3万名粉丝,其自有服装品牌"吾欢喜的衣橱"淘宝店铺拥有1265.4万名粉丝,此外,她还拥有自己的美妆品牌、家具品牌与内衣品牌,在淘宝平台实现了多方位的商品覆盖。张大奕的走红是电商+网红融合发展的产物,这一时期,打造时尚形象、注重粉丝运营、吸引电商流量等方式成为社交媒体时代电商网红的代表性发展模式。

总体而言,在Web3.0时期,网红的走红逻辑与影响力发生了重要转变。一方面,社会文化环境中对娱乐主义、消费主义的需求不断增强,带来网红主体构成的垂直化;另一方面,资本力量为网红发展注入强劲的新型驱动力。与前两个阶段相比,移动社交时代的网红在内部动力机制上已不再单纯依靠红人自身的力量,他们背后往往伴随着有力的资本运作,因而网红对经济效益的追逐也日渐明显。

四、全面兴起:视频直播时代(2016年至今)

4G网络、智能手机、云计算等基础设施不断完善,促使信息传播进入视频直播时代,深刻变革着网红的群体特征、传受关系与影响效力。2015年,映客直播、花椒直播和一直播APP相继上线,直播从PC端走向移动端,成为视频直播时代的先导力量。2016年,淘宝推出直播间服务,开启直播带货模式;快手开通直播功能,促进用户与网红交流互动。可以说,各类视频直播平台的竞争发展,开启了中国的"网络直播元年"。自此,网红群体也迈入视频直播时代,走上全面兴起之路。

如果说前几个阶段的网红还是少数群体,尚处于行业发展的试水期,那么,到了视频直播时代,"网红"真正成为被大众熟知、认可并广泛使用的名词。2016年起,在技术赋权的背景下,社交媒体平台出现了众多自媒体账号,自媒体自此进入快速发展时期。"papi酱"凭借自身实力从众多自媒体中脱颖而出,成为视频直播时代网络红人的典型。

"papi酱"的真实姓名是姜逸磊,她生于1987年,毕业于中央戏剧学院导演系,是一位短视频自媒体人。截至2023年5月,"papi酱"微博粉丝已达3139.1万人,被转发、点赞、评论数共计1.22亿次;抖音平台粉丝数量为3134.1万人,共获赞2.7亿次。

2015年10月起,"papi酱"开始在微博上传原创视频,视频时长约3—5分钟,以吐槽犀利、简单粗暴、幽默搞笑为主要特征。2016年,"papi酱"人气迅速攀升,她通过发布变声搞笑原创短视频在微博走红。她的作品常用"一人分饰多角"的形式讨论社会热点话题,代表作有《男性生存法则》《台湾人说东北话》等,她以鲜明的个人风格与搞笑优质的内容吸引了越来越多网民的关注。2016年4月,真格基金、罗辑思维、光源资本和星图资本联合向"papi酱"注资1200万元。随后,她创立了自己的MCN机构"papitube",帮助签约作者进行有效推广、垂直化运营以及商业变现,成为网红经济与网红产业的代表性人物。

"papi酱"成为爆款网红的路径下隐藏着其专业的自媒体运营策略。她垂直深耕原创视频内容,满足用户的碎片化观看需求,通过多平台的联动推广以扩大影响力,以清晰的个人定位和良好的专业素养满足了视频直播时代的用户需求。

在这一阶段,短视频直播应用的使用群体不断扩大,用户对内容的细分需求促使网红群体分化演进;同时,平台的算法推荐机制也为网红带来更多曝光机会和流量,一定程度上让网红的"批量式生产"成为可能。具体而言,这一时期的网红呈现如下特征。

第一,领域不断垂直细分。随着网红群体规模扩大、内容更新频率加快,网红的分类更加细致清晰。例如,秀场直播带火了颜值类网红,大批草根青年通过身体消费博人眼球;游戏直播则带动了电竞网红的出现,培育了身价千万的职业游戏网红,还对《王者荣耀》等手机游戏产生反哺宣传作用;视频号直播成了知识类网红扩大影响力的主要平台;电商直播则为带货网红提供了施展能力的空间。

第二,网红与用户的互动反馈不断增强。在这一阶段,网红不再停留于吸引用户的"眼球",而是追求粉丝的情感认同与依赖,粉丝也更加注重网红的价值观、人格魅力等要素。由三观契合产生情感共鸣与价值认同,进而在双方之间建立起归属感和团结感,使得粉丝黏性更加持久。

第三,影响力增强,经济效益明显。庞大的网络用户市场、不断增长的消费需求,让网红经济如火如荼地发展起来,运营模式和盈利渠道逐渐完善。从网红的挖掘、孵化到利用流量变现,一系列互联网商业模式建构起网红经济的全貌。在经济利益的驱动下,网红变得职业化、符号化,并且逐渐演化出一套可复制的内容生产模型。网红通过内容生产获取流量后的变现路径也日趋明确,主要包括嵌入广告、直播打赏、直播带货三种模式。

综上,在 Web4.0 时期,网红群体走上职业化、专业化、产业化的道路。网络直播技术的发展和完善,为网红的全面兴起提供了基础条件;传受关系、用户需求等网络文化背景的转变,也为网红群体的特征呈现带来变革性影响,网红经济的商业图景变得清晰起来。

五、生活转向:网红演进的基本逻辑

媒介技术演进的结果,离不开与日常生活紧密的关系连接。中国人民大学郑杭生教授提出了一种阐释个人与社会关系的本土社会学理论——社会互构论,强调从个人与社会"交互建塑""互构共变"的角度去理解现代社会的各种现象。[①] 网红群体的演变逻辑遵循社会时代条件与网络用户主体之间相互建塑与形构的关系,并在网络直播时代与日常生活产生了更为紧密的交织互嵌关系。

---

① 郑杭生,杨敏.社会互构论:世界眼光下的中国特色社会学理论的新探索——当代中国"个人与社会关系研究"[M].北京:中国人民大学出版社,2010:198.

一方面，网红群体是基于特定时代的网络技术、经济发展与文化背景而演变迭代的，受到外在社会条件的形塑影响。其一，网络传播技术决定着网红群体的媒介呈现形式与主体构成。在不同时代的技术条件影响下，网红经历了"文字-图文-短视频-直播"等媒介形式的流变，在表达方式上经历了由抽象文字思维到具象视觉思维的转向，在技术的易得性上也经历了由难至简的转变。因此，网红的主体构成经历了从以知识分子、精英群体为主到全民皆可参与的拓展。其二，生产力发展水平决定了网红群体的效能作用。在网红群体出现伊始，我国的社会经济发展水平较低，社会主义市场经济尚未充分作用于互联网产业，网红群体主要兴起并作用于文化领域。随着生产力水平的提高与消费能力的升级，如今的网红产业规模齐整，经济活力焕发、经济效益显著，不断催生新的经济模式。其三，社会文化背景的衍变对网红群体主体特征的变化起到引导作用。从网络文学到恶搞文化，从消费主义、娱乐至上到追求利益的经济思维。随着社会经济不断发展，不同时代背景下衍生出的网络文化氛围促使网红群体产生类型的分化与变迁。

另一方面，网络用户的主体需求与交互实践也在影响着网红群体的发展走向，起到内部建构的作用。其一，网络用户主体的下沉化、多元化催生出多样的需求，使得网红群体的体量日趋庞大，领域不断垂直细分。网红的生活化表达迎合了大众的世俗趣味，人们对内容的审美标准更加丰富自由，传统意义上的"高级""独特"不再是唯一标准，"接地气""平凡"也在成为大众认可某个网红的原因。其二，网红与受众/用户之间交互关系的变化不断牵引着网红群体的特征流变。从最初单纯依靠作品联结的"萍水相逢"，到对特定人物、另类言行等内容的围观式关注，再到粉丝与网红之间权力关系的转化、传受界限的消弭以及对情感交流的追求，网红群体如今也逐渐由"非常态"转为"日常化"，呈现相应的陪伴式面貌。

总而言之，网红群体犹如一面映照互联网时代社会变迁万象的镜子，在演变流转的过程中，经历了内外因素的互构共变，并且在全面兴起的视频直播时代，出现了较为明显的生活化转向趋势，直播与网红不断融入人们的日常生活，网络直播与网红群体显现出巨大的范式转换与发展活力。

第二节　网红直播活动的场景建构与复魅

从最初的萌芽进场到如今的全面兴起，Web4.0时代的网红直播在内容向度、功能影响以及交互方式上都发生着显著的变迁。网红群体与网络直播的结合，杂糅着经济现象与文化现象，已经成为当下最引人关注的媒介景观之一。德国社会学家马克思·韦伯（Max Weber）在《学术与政治》一书中提出"祛魅"这一概念，指对于科学知识或艺术作品神圣性、魅惑性的消解。[①]复魅与祛魅相对，指的是为平凡的、日常的、大众的文化产品赋予魅惑性和审美性。数字世界中生活的平面化、同质化和市场化激发着人们对内容复魅的渴望。网络直播通过为普通的人和物赋予镜头下的审美价值，实现了对日常生活的复魅。

一、内容泛化：从特殊奇观到日常展演

网络媒介技术的社会化过程，从本质上决定着网红群体在内容呈现上的范式转变，真实性成为网红直播在内容向度的最大特征。网红群体的主体结构从知识精英到中产群体，再到中低社会阶层，呈现下沉、泛化的样态，精英化、仪式化内容的重要性在网红直播中不断被消解，网络直播内容中对真实生活的审美兼容成为新趋势。

首先，技术赋能背景下的视听传播促使网络直播的内容趋于真实日常化。互联网技术的发展赋予了网红群体更加自由、开放的表达渠道，视觉影像传播方式具有极强的渗透性，直播画面中往往包含着丰富的信息，视听符号对人类的感官刺激远远超出传统的图文符号带来的单一视觉刺激，视听传播便利了日常生活的呈现。网络直播具有"场景"特性，用户在观看直播时能够从场景中获取多元的信息，例如，背景、灯光、家具、道具以及同期音等。这种从直播场景获取的多元素会对用户产生综合刺激，越来越多的信息被整合进"视觉＋听觉"的复合认知模式。可以说，影像技术与日常生活

---

① 韦伯.学术与政治[M].冯克利，译.北京：生活·读书·新知三联书店，2005：29.

的深入对接，使得直播内容的日常展演成为常态。

其次，直播生态的整体下沉样态使得直播内容的生活化表达成为审美趋势。就网络直播平台而言，其"准入—生产—传播"等各个环节都带有明显的草根特征，从抖音平台的宣传口号"记录美好生活"到快手平台的宣传口号"记录世界记录你"，都显现出对创作者极强的包容性以及对内容的生活化审美趋向。就直播主体而言，未经专业训练的普通人可以通过购买和使用廉价的直播设备成为主播甚至网红，专业的拍摄、导播和审核不再是必要项，大大降低了网红的准入门槛，感性的私人经验和日常的生活表达也能成为直播的主流内容。就话语方式而言，下沉的网红群体往往能够用平民化的口吻传递普通人对生活的真实感受，与用户的亲身经历相符。同时，网红在直播时通常会选择更口语化的表达方式，比如称呼直播间的观众为"宝宝们""家人们"等，相较于传统的"明星-粉丝"式不对等关系，人们在观看网络直播时能够体验到更接近生活中朋友式的交流关系，这进一步契合了用户的使用需求。这是新媒体语境下使用群体下沉、大众话语权扩张的综合结果。

再次，线上空间与日常生活的深度融合，推动网红群体对生活的直播展演。在互联网发展的早期阶段，大多数网民的线上分享与线下生活是割裂的，网友之间的交往局限于虚拟空间，因此，网红的走红多伴随着特殊的吸睛事件或出位的言行。然而，随着移动互联网技术的发展，线上线下的生活体验、交流话题关联日渐密切，网络和现实得以深度融合。一方面，直播渗透到日常生活的各个行业、各个环节中，工作、学习、购物、娱乐、社交等诸多日常行为都可以通过直播实现，也带动了不同类型网红的出现。从最早兴起的颜值类网红，到游戏直播中的电竞网红、电商平台里的直播带货网红，网红群体开始占据生活中越来越多的细分长尾领域，直播与日常生活的边界渐渐模糊。另一方面，日常生活在直播中被展示的范围不断扩大，甚至部分网红推出24小时不间断直播、睡觉直播等极为私人化的直播内容，直播不再是一项需要提前编排的特殊计划，而是随时随地都可以开始的活动，生活直播化成为新兴趋势。

随着时代的变迁，"直播生活化"与"生活直播化"成为网红直播的显著特征，以往被媒介所忽视的生活内容在网红群体的场景复魅下，焕发出极大的传播潜力,呈现了多元的表达方式。

二、功能拓展:从个体发展到产业链运作

网络社会的发展演变推动着网红直播的功能拓展与价值延伸,逐渐建构起网红直播的合法性基础。

新兴技术的普及具有明显的跨越式特征,人们的网络社交行为也因此处于持续调试中。早期网民的线上社交往往局限于在部分社会群体内进行,如门户网站时代的知识精英群体和微博时代的城市中产群体,这样的群体特征决定了网红群体的功能更多停留在社会文化领域,更多体现为个体的话语权和影响力。[1] 随着数字社会的发展,民众接触和使用新媒体的成本不断降低,越来越多的草根群体被赋权,不同阶层、职业、文化和社会背景的网民都有成为网红的可能。同时,数字化、网络化的生活方式逐渐形成,人们的消费需求日益旺盛,网红产业链条日趋发达,这使网络走红与经济变现之间的关联日益紧密。

一方面,在网络直播时代,网红群体出现了运作清晰的产业链条,为网红的培育、孵化和变现提供土壤。网红群体的内部构成日益多元细分,网红的商业意义不断凸显,他们的走红初衷从早期的个人分享逐渐向商业化、产业化靠拢。

产业链上游以网红群体为主,主要负责内容生产和受众引流。他们以某一垂直内容为切口,持续生产有个性、知识性或者带有价值观表达的直播内容,不断积累并聚集核心受众。与此同时,网红群体也会与受众保持互动并维持用户黏性,通过粉丝的社交传播不断吸引新的受众,从而具备一定的流量影响力。

产业链中游往往是网红经纪公司或 MCN 机构。据统计,截至 2018 年底,国内 93% 的头部网红或签约 MCN 公司,或自己创立 MCN。[2] MCN 机构的兴起,改变了直播产业的运行格局。首先,MCN 既会挖掘并包装已经具备稳定粉丝基础的老网红,又会垂直孵化并持续培育新网红,各类网红群

---

[1] 杨江华.从网络走红到网红经济:生成逻辑与演变过程[J].社会学评论,2018,6(5):13-27.
[2] 艾瑞咨询.2018年中国网红经济发展研究报告[EB/OL].(2018-06-19)[2022-03-18].https://report.iresearch.cn/report_pdf.aspx? id=3231.

体被 MCN 机构聚合在一起,形成网红生态圈。其次,MCN 还会协助网红进行优质稳定的内容输出,在直播的选题策划、内容设计、拍摄制作等各环节提供团队支持和专业力量,并对直播进行全流程管理。最后,MCN 还会为网红提供广告代理、合作伙伴管理、版权管理、粉丝运营等服务,将其直播流量转化为稳定的商业收益。

产业链下游是变现渠道,包括广告、打赏、带货等。其一,广告变现主要是按照商家的要求进行定制化直播内容生产,投放之后在平台内部或者代理方内部进行结算,广告收入往往由 MCN 和网络主播分成。其二,直播打赏主要是粉丝通过平台给网红送虚拟礼物和现金打赏,打赏收入由平台方、网络主播和 MCN 三方共同分成,据统计,直播打赏收入通常占据网络主播收入的 85% 以上。①

另一方面,网红的经济影响力集中凸显,倒逼网络直播产业和商业模式做出相应变革,"网红经济"成为互联网经济中的特色力量,这一模式也带来了一系列影响。

首先,资本注入成为网红走红新的驱动力。与门户时代、微博时代和微信时代相比,直播时代网红的诞生不再仅仅依靠自身力量,而更仰仗市场资本。一系列网红 IP 获得千万融资的现象的出现,表明尽管媒介技术的发展赋予了个体成为网红的可能性,但要想占据头部位置,个体的力量往往是不够的,网红必须有专业化运作和资本支撑,才能实现收益变现。

其次,网红成为带动流量和制造注意力的关键群体。在直播时代,网络技术社会化程度显著提升,用户既是媒介又是受众,要想获取流量必须吸引并占据公众注意力。因此,随着我国直播行业的成熟和网红生态的发展,越来越多企业、机构甚至媒体倾向于通过打造网红来获取市场竞争力,其中一些先行者开始试水 MCN 领域,试图在组织内部进行网红孵化,以网红换取目标受众的注意力。

最后,网红经济影响力的扩张也产生了一系列隐患。如今,网民个体走红的途径和方式越来越多元化,当走红变现变得越来越容易、名利的获得与欲望的满足变得越来越直接的时候,一些组织和个人在流量至上理念的驱

---

① 张培培.网红"工厂":MCN 机构的发展历程、兴起逻辑及未来趋势[J].未来传播,2021,28(1):48-54.

使下开始以急功近利的方式争当网红,这便有可能滋生出审丑、猎奇、误导性宣传和商业道德缺失等问题。这些因为网红经济的快速发展而产生的问题既不利于网络空间的清朗,也影响了优质直播内容创作者的积极性和创作动机。

有关网络直播产业链条及网红群体特征的分析,可以清晰地显现网红直播功能拓展的趋势。一是,在网络直播时代,媒介技术门槛的降低让越来越多的普通人可以通过自我展示和表达走红并进行流量变现;二是,大基数、高效率的变现模式引来了资本的介入,推动了网红产业链的开发和打造;三是,在新的趋势下,仅仅依靠内容创作或颜值形象维系个体化发展的网络走红范式越来越难以奏效,网红的生成机制将越来越依靠资本力量,向规模化、市场化、细分化演进。

三、互动模式:从广场效应到社群连接

不同时期媒介的技术特性,决定了网红的走红机制及其与受众的互动方式,戏剧性的连接方式是网红直播互动模式的核心。在Web1.0的门户网站时代,网民主要围绕话题或兴趣进行讨论和观点输出,受到技术限制,其社交互动方式有限,因此,网红走红的逻辑机制有着极大的偶然性,更多体现为虚拟空间中的公共广场效应,网红和粉丝之间鲜有互动,无直接利益往来。

在Web2.0的微博和微信时代,网红利用社交技术优势开始尝试在网上建构社群,并通过富有活力的文化输出,推动网络舆论场的形成,改写人们的社交生活方式。到了移动直播时代,技术的易获得性和可支配性进一步加强,网红更加重视社群的建构与维护,网红的情感取向、价值观、人格魅力等要素形成了粉丝们认同和追寻的IP。

在网络直播时代,网红群体与用户之间的社群连接,大致可分为以下三种。

其一,基于"人—情感"的社群连接。在过去,由于互联网技术的局限,人们在虚拟社交网络中大多只能进行碎片化的弱连接,很难真正获得真实的社交快感。到了以互动、共联为主题的网络直播时代,速度更快的网络传输、更多元的视听效果和更丰富的互动模式,弥补了过去社交网络中的身体

缺位,网红可以更好地模拟现实生活中的人际沟通场景,例如,与用户进行双向互动、向社群成员提供情感陪伴、跟社群成员作出情感承诺。镜头之下的主播,会通过具有强烈风格的个人表演和渲染性的语言为直播间营造临场感,并使用灯光、滤镜、妆容、道具、助演等"符号装备"打造个人标签。此外,一些主播还会通过"剧本"的打造,来构建历时性的故事场景,为直播空间提供戏剧张力。例如,某网红为自己打造了靠卖卫生纸发家的底层人设,吸引了一批有着类似底层生活背景的用户的关注,他还在直播平台频繁更新自己的恋爱日常,并在直播中加入戏剧冲突,多次上演分手又复合的戏码,这样"真实的表演"博取了持续的用户驻足和流量关注。这样的社群关系,往往是网红通过付出情感劳动满足粉丝对某种亲密情感关系的诉求而建立的,同时,网红也可以与用户生产共同的情感体验并由此来强化用户对社群的归属感和社群的团结感。

其二,基于"人—产品"的社群连接。随着消费主义在互联网场域的渗透以及电商直播的发展,用户与品牌或产品之间的关系也发生着改变。产品被赋予符号意义之后,便会拥有更高的价值序列,从而可以操控和制造消费。[1] 网红在电商直播中常常将各类产品精心建构为具有特定价值的符号,他们不仅会向用户介绍产品的性能,还会强调品牌的调性和标签特征,通过主播展演、观众互动、抽奖参与、抢购下单等方式强化临场感,唤起用户对于品牌的价值认同,这其中隐含着对社群成员自身社会与文化的定位。例如,一些网红主播将直播间搬进商场店铺、生产车间、田间菜地,让用户在产品溯源场景中进行在线抢购,这种对线下购物的体验式还原,将传统购买场景中被遮蔽的生产者、生产原料、生产环节、生产地等因素一一再现,消除了买卖双方的物理隔阂,有助于让网红主播成为用户的"信任代理"。[2] 因此,在直播时代,用户与产品或品牌之间的关系被不断拉近,他们不再像过去那样单纯地仰望、膜拜或追捧品牌,而是在与主播和其他用户的持续互动中,完成了产品文化的塑造与传播。

其三,基于"人—内容"的社群连接。直播平台具有的低门槛、轻知识、

---

[1] 波斯特.第二媒介时代[M].范静晔,译.南京:南京大学出版社,2000:144.
[2] 骆正林.空间理论与大数据时代网络空间的建构[J].现代传播(中国传媒大学学报),2019,41(1):49-56.

社交性和交互性等特征,使其成为用户获取知识、观点和价值观的新型社交平台,能够形成基于内容的社群连接。在这种情况中,网红主播往往运用自身的社会资本和认知资本,向用户提供某一领域的增量内容,引导用户对内容进行体验、理解和消化,直播过程中,主播还会与用户持续互动并就相关问题进行答疑,满足用户的信息需求,以此来形成相对稳定的社群结构。

在直播场景中,网红通过对情感、消费和文化符号的戏剧性运用,让用户更好地感知场景氛围、建立社群信任。英国传播学家丹尼斯·麦奎尔(Denis McQuail)曾指出,受众的形成常常是基于个体需求、兴趣和品位的相似性。[1] 在日益垂直细分的网络直播市场中,网红和用户基于共同的兴趣、价值取向或特定目标相互联结,形成有一定边界的社会共同体,这就是"圈子"或者"社群"。当用户和网红同处一个社交圈,他们之间的互动会更为紧密,更倾向于拥有强烈的情感联结和相近的文化消费行为。

总体而言,我们通过对网红群体演进脉络的分析可以看到,网红现象所引发的经济社会现象的阶段性差异,在本质上源于网络媒介的社会化过程及人们社交模式的改变,是社会外部条件与网络用户行为互构共变下的产物。

在这场时代和技术的变革之中,网红群体更多扮演的是先行者的角色。二十余年来,人们对网红的认知经历了"审美—审丑—审美"的曲折式前进过程,如今,网红直播基于场景建构真实性、合法性和戏剧性的增强,获得了复魅效果,焕发出新的生机与吸引力。可以说,网红群体的下沉趋势是时代变迁过程中平民话语权扩大的切面映照,网红直播的生活化转向则是大众文化背景下多元化审美意趣的媒介投射。

在不同的媒介环境下,网红的出现与流行,印证了卡斯特等人提出的观点,即网络社会是通过改变人们的社会交往方式、重塑经济生产关系与商业管理模式,以及再造文化认同,而成为一种有别于现代工业社会的新的社会形态。[2] 在转型时期的中国,网络直播与网红群体展现了蓬勃的生命力,关于网络直播和网红群体的理论、实践和发展趋向的研究,将为理解中国网络社会的形成机理与发展变迁提供独特的视角。

---

[1] 麦奎尔.受众分析[M].刘燕南,李颖,杨振荣,译.北京:中国人民大学出版社,2006:87.
[2] 卡斯特.网络社会的崛起[M].夏铸九,王志弘,译.北京:社会科学文献出版社,2006:4-9.

第四章 场景桥接：
网红群体的数字劳动与资本逻辑

网络直播技术消弭了信息传播与交换的空间距离和时间差距，降低了渠道的使用成本，增加了信息的流动性。网络直播所具备的"桥接力"在多元空间的场景桥接中助推不同领域的资源连接，并驱动其价值转化。随着技术发展，网络直播将形成以"网红"为枢纽节点的多元场景汇聚网络，进而发展为场景共同体。其中，网红群体通过大量数字劳动实现资源汇聚与价值转化，遵循数字劳动的情感逻辑与资本逻辑，维系场景连接，在直播媒介盛宴中，创建了新的生产关系和产业模式，促进人们达成情感认同、实现价值共创。

第一节 网红群体的数字资本与劳动属性

网络直播的行业生态是一个由复杂关系网络构成的具有开放性结构的场域，而网红群体带动的直播付费则是实现资本积聚的重要手段。网红直播关乎网红个体对生存空间与发展资源的争取，以及群体社会效益与经济效益的实现，引入资本概念有助于网络直播行业主体全面整合现有资源，进而培育竞争优势。在数字资本的生产过程中，网红群体扮演着数字劳工这一不可或缺的角色，因此，探究网红群体的数字劳动属性有助于我们在数字资本的视角下了解网红群体的角色特点。

一、网红群体数字资本的形态与特征

法国社会学家布尔迪厄认为，资本是"一系列实际可用的资源和权力，

在个体生存机遇的利益生产与再生产中扮演着至关重要的角色"①。资本由各种资源构成,行动者对于资本的把握关乎其在特定场域中的位置,以及其在资源与权力分配中的处境。拉涅达结合布尔迪厄的资本理论,在技术变迁语境中提出了数字资本的概念,认为数字资本是特定场域中内部化的能力与资质(即数字能力)以及外部化资源(即数字设备)的存量。② 随着互联网、5G、大数据、算法、人工智能等技术的兴起和发展,数字媒介在社会文化与日常生活中的中介化趋势日益凸显。一方面,经济、社会与文化系统的数字化程度不断加深,传统经济资本、社会资本与文化资本的积累与转化受到数字技术的深度影响;另一方面,数字系统逐渐成为具有相对独立性的场域,通过其特有的运行逻辑创造了全新的资源类型与权力格局,因而当前网红群体的数字资本呈现出鲜明的形态和特点。

(一)网红群体数字资本的四种表现形态

网络平台是当代数字文化工业的组成部分,其显著功能之一是帮助网民"物以类聚、人以群分",同时也将我们日常生活的各类元素转化为具有经济价值的数据,网络平台作为当代信息技术产业主导的新型基础设施,虽不事生产,却开辟了社群聚集资源和新型市场经济。③ 故而,对于网红群体而言,其数字资本包括自身生产的数据产品(长、短视频,直播,音频,图片)和用于生产的数字生产资料与数字化设备,也包括平台提供的数据资源(用户流量、排行榜和首页推荐等)和数字基础设施等外部化资源,还包括网红群体通过平台延伸至实体企业的一切资本,因为这些资本本质上受网红群体特有的数字产品和数据资源所支配。

社会学家对资本概念的理解超越了物质性聚焦的经济维度,把资本概念延伸为任何具有社会意义与经济意义的事物的载体,④且将无经济意义以

---

① RAGNEDDA M. Conceptualizing digital capital[J]. Telematics and informatics,2018,35(8):2366-2375.
② RAGNEDDA M,RUIU M L. Digital capital:a bourdieusian perspective on the digital divide[M]. Bingley:Emerald Group Publishing,2020:14.
③ 曹晋,张艾晨.网络流量与平台资本积累:基于西方马克思主义传统的考察[J].新闻大学,2022(1):72-85,123.
④ HODGSON G M. What is capital? Economists and sociologist shave changed its meaning:should it be changed back? [J]. Cambridge journal of economics,2014,38(5):1063-1086.

及无即时性经济回报的社会互动与象征活动①也纳入收益的"总会计学"。布尔迪厄提出资本的四种表现形态,即经济资本、社会资本、文化资本和象征资本。经济资本可以立即并且直接转换成金钱,是以财产权的形式被制度化的。② 社会资本指与持久性关系网络相关联的现实或潜在资源的总和,这一网络是由相互了解和认可所构成的、具有制度化关系特征的网络,人们可以通过社会资本调动经济和文化资本,以增强行动的可能性。③ 文化资本则指一种标志行动者社会身份的资本类型,包括文化趣味、消费方式、文化能力和教育资历等价值形式。④ 象征资本"指被人们承认和接受了的政治、经济、社会文化的资本,它是特权、名声、神圣性或荣誉的累积程度,它以'被知晓和被认可为基础,与卓越、好名声、威信和声誉是同义词'"。⑤

依据布尔迪厄划分的资本的四种表现形态,数字资本在互联网空间这一场域中,也能够表现为经济、文化、社会和象征资本的形态。在网红直播过程中,除了网红所独有的以景观、房屋、服饰、商品等为代表的有形资产和以表演为代表的无形资产外,网红创造的数字产品也具有交换价值:根据受众商品论的研究,网红将吸引的用户流量数据打包卖给广告商,这亦属于能够直接变现的经济资本。对于网红主体来说,社会资本既包括由政府、媒体、教育、技术、科研、金融等产业链的多元行动者在内的跨边界协同网络构建,还包括传播可触及的用户范围,以及以数据形式反映出的用户关注度、忠诚度、参与度、评价等数字资本。网红的文化资本以三种形式存在:一种是具身化的状态,如网红个人的才艺表演,或如网红男孩"丁真"、网红县长"贺娇龙"此类当地网红作为旅游形象大使彰显的地域特色与文化风貌;二是以文化商品的形式存在的客观化状态,如网红"阿木爷爷"在小红书上开设线上店铺,售卖中国传统榫卯木工产品,这些被售卖的文化产品既具有象

---

① 布尔迪厄.实践理论大纲[M].高振华,李思宇,译.北京:中国人民大学出版社,2017:306-311.
② 包亚明.文化资本与社会炼金术:布尔迪厄访谈录[M].上海:上海人民出版社,1997:192.
③ CALDERON G D. The third digital divide and Bourdieu: bidirectional conversion of economic, cultural, and social capital to (and from) digital capital among young people in Madrid[J]. New media & society,2021,23(9):2534-2553.
④ 蒋淑媛,李传琦.新媒体语境下文化资本的转化逻辑[J].北京联合大学学报(人文社会科学版),2019,17(4):38-44,108.
⑤ BOURDIEU P.The forms of capital[M]//RICHARDSON J G.Handbook of theory and research for the sociology of education. New York: Greenwood Press,1986:18.

征意义，又具有经济价值；三是制度化的状态，如网红所具有的身份认证或技能资质，使文化资本的价值得到担保。网红的种种表演或文化商品的售卖都需要借由媒介和数字技术来传播，因此，网红的部分数字资本既能够直接作为文化资本进行增值和积累，也能够成为促进文化资本转化的重要催化剂。而排行榜、首页推荐、用户转发量等外部化数字资本则符合布尔迪厄关于象征资本形态的表述，这些数字资本帮助网红增加曝光度，一旦形成关注力，这种象征资本就会转化为经济资本、社会资本及文化资本。

(二)网红群体的数字资本特征

数字资本作为资本的一种特殊形态，兼具资本的生产关系属性与生产功能属性，除了资本的一般属性外，数字资本也有其特殊性。网红群体的数字资本具有桥接性和重构性两大特征。

网红群体的数字资本具有桥接性。2019年4月3日，张大奕成为第一个持股公司在美国纳斯达克挂牌上市的网红。张大奕成功变现的模式主要有三个步骤：打造自身人设、通过分享引流、开设店铺变现。其中的变现步骤需要以数字资本为桥梁。张大奕利用场景、器具到服饰、妆容等众多元素建构出一幅精致的都市丽人图景，在线上平台分享，吸引了众多粉丝，之后通过开设店铺和线下工厂对接，其庞大的粉丝群会为她的商品买单，这些数据资源作为网红的数字资本，又推动着"网红"这一象征符号向文化资本和社会资本转化。由此可见，数字资本的桥接性体现为其能够推动资源线上与线下的良性互动与双向补偿，也能够促进网络直播行业平台、主播、MCN等主体的经济资本、社会资本、文化资本之间的相互转化，并实现原有资本的整体增值。

网红群体的数字资本具有重构性。重构性，即传统资本在数字技术的介入下发展出的独特属性与收益，其中包括三种重构形式：(1)时空重构，即通过数字技术改变娱乐或文艺体验的时空组合，突破传播的物理壁垒，提高商品营销、销售与各类服务的效率。例如，2020年4月6日，央视新闻"谢谢你为湖北拼单"公益行动首场带货在淘宝直播开播，为解决疫情影响之下的湖北省大量农副产品滞销问题，央视新闻主播朱广权和带货达人李佳琦组成"小朱配琦"组合，通过线上直播连接了全国各地的消费者，短短2小时的直播吸引了 1091 万人观看,观看次数累计 1.22 亿次,直播间点赞 1.6 亿次,卖出总价值高达 4014 万元的各种商品。① (2)关系重构,即数字连接可以拓展传播范围并丰富互动形态,推动形成新的产消关系与转化方式。作为网红经济的新兴代表,网红主播的情感制造在经历身体符号化、打造人设和"劳—客"关系重塑的过程后,呈现由感情转化为虚拟的礼物,再转化为钱的逻辑②,这个转化过程需要以数字资本为载体,数字资本也推动着用户由消费者向"产消者"身份转变。(3)价值重构,数字资本能够借助各种创意手段丰富网红日常生活的文化意义与附加价值,并通过渠道建设,为这些日常生活资源的价值创造开辟数字空间。诸如猎奇的"睡觉直播"和沉浸式的"护肤直播"等各类直播的兴起,都是网红群体通过数字设备和平台,借助创意手段进行的自我展演,而当某个主播或直播获得用户一定程度的追捧后,其价值观便会彻底符号化,用户看到的便不只是一个网红,而是自身价值的一个投射,同时,这种价值作为一种象征资本也能够转化成经济资本和文化资本。

二、网红群体数字劳动的特征

"数字劳动"这一词汇最早能够追溯到 2000 年意大利那不勒斯大学学者其亚纳·泰拉诺瓦(Tiziana Terranova)的《免费劳动:为数字经济生产文化》一文。泰拉诺瓦将"数字劳动者"称作"网奴",并将"数字劳动"囊括进了"免费劳动"的概念中,认为"数字劳动"是发达资本主义国家社会中免费劳动的表现之一。马克思主义学者克里斯蒂安·福克斯(Christian Fuchs)认为数字劳动包括了关于数字媒体的存在、生产、传播和使用所需的所有形式的有酬劳动及无酬劳动。数字劳动可被视为虚拟工作(virtual work),它不单指某一类职业,而广泛存在于 ICT 行业(主要通过电子手段完成信息化加工和通信的产业和服务,ICT:Information and Communication Technologies)乃至整个互联网文化之中。③ 国外学者将数字劳动概念划分成两类:一种观点

---

① 新华融媒新消费.央视放大招,小朱配琦之后,再现亲民神操作[EB/OL].(2020-04-20)[2022-11-22].https://baijiahao.baidu.com/s?id=1664442325293853805&wfr=spider&for=pc.
② 涂永前,熊赟.情感制造:泛娱乐直播中女主播的劳动过程研究[J].青年研究,2019(4):1-12,94.
③ FUCHS C. Digital labor and Karl Marx[M].New York:Routledge,2014:4.

认为数字劳动属于非物质劳动的形式;另一种观点认为数字劳动本质上是物质劳动,但是学术界对"数字劳动"一词还未有统一的定义。目前,国内对网红直播的数字劳动研究主要围绕着"情感劳动"(emotion labor)展开,随着2016年全民移动直播时代的来临,越来越多的青年用户成为"网红","带货提成"快速成为网红群体新的劳动激励机制。因此,现阶段网红群体的数字劳动超出了单一的情感劳动范畴,也区别于过去隐形、义务性、精神性的数字劳动,发展出了新的特点。

(一)劳动目的:高度显性化

泰博·肖尔茨(Trebor Scholz)提出,除了程序员和网络媒体从业者这类获得报酬的工作之外,互联网还存在大量的无薪劳动(unwaged labor)和无形劳动(invisible labor)。特别是社交媒体用户的点击、点赞、留言和转发等行为,都会转化成被平台公司无偿调用并出售给广告商的数据资产。[1]数字劳动的虚拟特性表现为模糊的娱乐和劳动界限,网红主播大多刻意模糊这种界限,使得用户在悄无声息中被数字资本剥削,在娱乐中成为生产链的一环。尤里安·库克里奇(Julian Kucklich)提出"玩工"(playbour)的概念,意指那些协助电脑游戏开发的玩家仅将自己的劳动视为休闲活动和游戏的延伸,而非具有市场价值的知识产权。[2]随着互联网的普及和各种数字经济的兴起,数字资本的运作和剥削过程越来越明晰,即便大量的"玩工"已然意识到自己成了生产中的一环,也仍旧乐意将劳动价值让渡给背后的数字资本家。

赛博空间中,网络直播的用户群体往往难以辨别娱乐和数字劳动的界限,但无论是秀场直播中的"礼物打赏"还是电商直播中的"带货提成",网红群体数字劳动的目的都是为了获得劳动报酬。随着"网红"开始融资和产业化,其劳动的资本逻辑导致这种目的性也在网红的数字劳动中表现得愈加明显,区别于早期主播避嫌推广带货或是吸引流量的行为,现在的网红大多

---

[1] SCHOLZ T. Digital labor:the internet as playground and factory[M]. New York:Routledge,2013:2,107,1-9.

[2] 库克里奇.不稳定的玩工:游戏模组爱好者和数字游戏产业[J].姚建华,倪安妮,曹晋,译.开放时代,2018(6):196-206.

会在视频里和直播里明显地表现出想要获取关注和实现变现的意图,不管是"OMG,买它买它!",还是"关注主播,点赞不迷路"这样的话术,都体现着显性化的劳动目的,这些网红主播除了打"感情牌",也需要掌握数字劳动的"营销技巧"。

(二)劳动产品:情感化与货币化

随着"网红经济"的兴起,网红数字劳动呈现产品情感化和货币化的特点。网红在社交媒体平台表达自我的同时,会积极地投入情感与劳动构建自己的"人设",或构筑自己的粉丝圈、维持社群关系,因此,网红群体的劳动产品也是其情感表达与交换的结果。一方面,在情感传播蔚然成风的当下,情感化的数字劳动产品能够吸引用户注意、唤起用户共鸣,构建属于网红自己的"记忆点";另一方面,网红通过情感化的劳动生产,提高受众的认同感与信任度,实现关系维系和有效变现。依托技术服务与资源支持,平台也在鼓励引导网红们积极地进行自我表达与情感投入,完成劳动的商品化与货币化转换。

在这一过程中,网红群体数字劳动的货币化主要体现在产品的变现过程上。2016年3月21日,罗辑思维宣布与"papi酱"联合拍卖广告资源,4月21日,经过10轮竞价后,"papi酱"的单条视频贴片广告终以2200万元的价格成交,这起投资被业内视为首例网红成功"变现"案例。快手和虎牙之类的直播平台的主播可以通过直播获取粉丝用真实货币购买的虚拟打赏,这些打赏能够在后台兑换成真实货币;B站的UP主不仅能够通过粉丝打赏获得收益,平台官方也会发放创作激励,让网红的劳动产品货币化。除此之外,电商直播的网红主播通过直播带货向用户群体推销产品,通过获取用户群体的真实商品消费产生的分红得到流通货币,他们也会利用粉丝给予的注意力优势以获取广告代言等方式获得货币奖励。

(三)劳动模式:专业化与职业化

网红经济和网红产业发展至今,各类网红也有了清晰的专业分工,其数字劳动体现着专业化和职业化的特征。内容生产者纷纷深耕垂直化领域,并采用线上线下结合等模式进行内容生产,开辟出电竞、美妆、美食、户外、宠物等内容品类。不少内容生产者还会将碎片化、精细化的短视频内容与即时互动的直播方式相融合,满足用户需求,实现优势互补。

2016年6月,考研导师张雪峰凭借《34秒解读35所985高校》这一视频走红网络。2018年,他在抖音平台注册账号"张雪峰老师",用幽默风趣的表达方式激励和帮助学生考研。截至2023年5月28日,"张雪峰老师"抖音账号共发布983条作品,共收获1323.6万名粉丝,获赞量达3058.9万次。张雪峰每周一和周五晚七点都会进行以"升学规划""志愿规划"为主题的直播。新榜数据显示,自2021年12月20日至2022年1月19日,在"张雪峰老师"的直播互动中,排名前五的弹幕热词分别是"张老师""专业""考研""大学""怎么样",可见张雪峰抖音直播间吸引的是庞大的关注"考研升学"的学生群体。由于分众化时代注意力的稀缺,主播纷纷深耕数字劳动的专业化领域,不断满足用户多样化的需求,以此在竞争激烈的互联网市场里谋求持续发展。

经过多年的探索,我国的网红经济已由最初的野蛮生长向专业化发展,逐步形成清晰的产业链[①],网红群体的数字劳动朝着职业化方向快速发展。2020年7月6日,我国人力资源和社会保障部联合国家市场监督管理总局、国家统计局发布了9个新职业,其中就包括互联网营销师。自此,在网络上有大量拥趸的短视频创作者、直播带货主播获得了统一的职业称谓——互联网营销师。同年,国家发展改革委等13部门联合提出"支持微商、电商、网络直播等多样化的自主就业、分时就业"。越来越多的人尝试通过直播、短视频创作快速变现,甚至将其作为长期从事的职业。

中国互联网络信息中心第51次《互联网络发展状况统计报告》的数据显示,截至2022年12月,我国网络购物用户规模达8.45亿人,较2021年12月增长319万人,占网民整体的79.2%。2021年,电商扶贫累计带动771万农民就地创业就业,带动618.8万贫困人口增收。[②] 但是,网红群体数字劳动职业化的特征不仅仅体现在网红个人以及社会对网红身份的认同上,随着

---

① 张培培.网红"工厂":MCN机构的发展历程、兴起逻辑及未来趋势[J].未来传播,2021,28(1):48-54.
② 中国网直播.我国通过电商扶贫已累计带动771万农民就地创业就业[EB/OL].(2021-08-23)[2023-05-28].http://news.china.com.cn/2021-08/23/content_77709168.html.

网红成为社交平台的 KOL,或者拥有一定的粉丝基础后,他们大多会选择签约 MCN 机构,由机构安排营销团队、规划营销方案,使得网红的工作模式更加规范化,而网红们也有了固定的工作时间,日渐成熟的网红孵化模式使得网红群体的数字劳动职业化的特征更加突出。但必须引起我们注意的是,这一职业化过程中内容同质化、产品质量不佳等现象值得深思,未来的规范和引导也显得越来越重要。

图 4-1　2018—2021 年我国网络购物用户规模统计折线图①

三、网红群体数字劳动的运转机制

网红群体数字劳动的运转过程可以大致分为准备阶段、集中呈现阶段和维系阶段。准备阶段的数字劳动能够初步吸引用户注意力,积累粉丝数量,提高曝光和生长的可能性,再经由集中呈现阶段进行自我展演,营造"人设"且输出具有鲜明特点的内容,而维系阶段的数字劳动能够帮助网红群体增加粉丝黏性,通过正向和负向反馈更好地改进网红群体的劳动模式和营销策略,甚至能够直接影响到网红的数字化生存。在这三个阶段中,网红群

---

① 图片中统计数据由本书作者根据中国互联网络信息中心发布的第 43 次至第 51 次《中国互联网络发展状况统计报告》整理。

体完成数字劳动和资本积累也需要MCN机构、社交媒体平台、广告商以及用户的多方协作。

(一)准备阶段:机构与平台的共同卷入

所谓数字劳动的准备阶段,指的是网红由名不见经传的自媒体发展到该领域KOL角色所经历的前期过程,也可以被简单理解为网红的孵化过程。目前,对数字劳动准备阶段的判定指标并不严谨,仅根据数字产品的浏览量以及自媒体账号的粉丝量来判断其是否处于准备阶段。

在"网红"这个概念刚刚兴起的互联网时代,网红数字劳动准备阶段所需要的时间并不固定。例如,颜值类博主可能因为某个造型或者视频主题在短期内获得大量的关注,而美食类和知识类博主则需要经历长期摸索和积累后才能完成数字劳动的准备阶段。从网红直播公会的诞生到目前各种MCN机构的出现,网红的准备阶段已经不再是网红一人的"单打独斗",自媒体账号凝结的是集体的智慧。在孵化网红的过程中,MCN机构会为网红提供包括摄像、脚本设计、文案、运营推广等人员在内的专业团队,也会根据网红的鲜明特点为其设计包装思路。例如,社交媒体小红书上的MCN机构"摘星阁"就大大助力网红的孵化,截至2020年4月,"摘星阁"旗下共150位博主,其中有5位百万粉丝级别的头部博主,十万至百万粉丝的中腰部博主约占80%。基于颜值、调性与"大家庭"式的凝聚力,她们被外界赋予了"摘星阁女孩"的身份标签。[1] MCN机构加入网红群体的数字劳动,大大减少了网红在准备阶段要付出的时间和成本。

在准备阶段,网红群体的主要数字劳动是通过持续制作和发布某个领域的数字产品来积累粉丝,不管是图文还是长、短视频,这些内容输出想要在准备阶段吸引受众注意力,达到积攒粉丝的目的,就必须迎合市场和受众的需求。而平台在这个过程里也被卷入网红群体的数字劳动中,平台的核心数字设施——算法成为网红发布内容素材的参考,平台利用算法给他们推荐时下流行的题材,也将博主们的作品分发到感兴趣的用户面前;而平台

---

[1] 黎佳瑜.你想做小红书博主吗? 美才是第一要义,那第二要义是什么呢?[EB/OL].(2020-04-27)[2023-05-28]. https://baijiahao.baidu.com/s?id=16651132135716650091&wfr=spider&for=pc.

提供的上传形式也成为网红寻找自我定位的来源,他们可以选择成为声音类主播、游戏类主播抑或电商带货直播的主播……在准备阶段,机构和平台共同加入网红群体的数字劳动,以此提升网红的孵化效率,从而形成资本对接的良性循环。

(二)呈现阶段:网红与用户的积极互动

虽然网红群体已经通过数字劳动的准备阶段积累了一定量的粉丝,获取了部分资源,也拥有了变现能力,但为了与其他同类型网红拉开竞争差距,保持自己的特殊地位,网红们在集中呈现阶段为自己设立"人设",同时重视与用户群体的积极互动。因此,在这一阶段,网红数字劳动的表演特质和情感化特点更加明显。

在集中呈现阶段,网红群体往往通过直播的方式实现展演与互动。"人设"是网红群体的标志性身份,它通过网红群体的表演劳动来进行塑造与维护。直播的对话感、沉浸感、真实感和强互动性,使得这些"人设"得以发展为网红群体具有市场价值的个人 IP。而在电商直播中,商品和劳动主体在电商直播平台中融为一体,带货主播的"人设"与商品紧密相连且直接服务于商品销售。主播通过风格化和情感化的数字劳动建构出受欢迎的"人设",以个性化方式为商品的品质背书,从而有效提升特定观众的注意力和购买的可能性。[1]

除了设立"人设"增强情感连接外,网红群体需要在直播过程中形成与用户的积极互动。这种与用户的情感互动有时是实时进行的,例如直播过程中主播直接回应弹幕文字和礼物打赏,有时也体现在直播内容满足用户的"超凡体验"上,以此让参与者对活动产生强烈的认同。20 世纪 70 年代初期,社会思想家阿尔文·托夫勒就在其代表著作《未来的冲击》中预测:"由于消费者自身的压力以及经济增长的压力,未来的技术将推动社会朝着体验生产的方向发展。"[2]1993 年,Arnould 和 Price 发现人际互动是获得超凡体验的一个前提条件,而且超凡体验应由特定的事件引发,且伴随着高水平

---

[1] 王斌.自我与职业的双重生产:基于网络主播的数字化表演劳动实践[J].中国青年研究,2020(5):61-68.
[2] TOFFLER A. Future shock[M]. London:The Bodley Head,1970:5-8.

的情感强度。①。因此,集中呈现阶段的数字劳动,需要以主播和用户的互动为前提,在直播中通过表演来唤起用户亢奋的精神状态。在电商直播领域更是如此,网红运用话术和营销手段不断刺激用户的消费冲动,加速以往基于理性的付费转变为如今基于体验和欲望的感性消费,使得"所有女孩"不断为李佳琦喊出的"OMG"买单。但是,这种劳动在资本逻辑下存在着虚假宣传和过度表演的嫌疑,容易令原本的良性互动变成僵化的互动模式。

(三)维系阶段:正负反馈后的离场与返场

2019年双十一期间,BOSS直聘发布了《"带货经济"从业者现状观察》,其中对2342名"带货经济"从业者的调研显示:各平台的流量大部分倾向于少量的头部带货主播,大部分带货主播无人问津,66.3%的"带货经济"从业者入行不到半年,58.2%的人都在考虑转行,大浪淘沙成为这个新兴行业的常态。②

在维系阶段,网红需要综合多方的反馈从而调节自己的数字劳动。网红的返场和离场,就是网红群体的数字劳动经历了集中呈现阶段后,由于不同反馈而产生的不同倾向。在网红进行完直播表演的劳动后,受众的关注,粉丝的数量、评价和口碑都能够直接影响网红的变现能力,而平台和资本也会根据网红的变现能力为网红提供不同的资源和地位,这些都属于维系阶段的反馈,这些反馈也遵循着一定的作用路径。当受众的反馈为正向反馈时,网红的流量和口碑提升,粉丝群体得到了巩固和维系,网红群体的数字劳动会获得更强的变现能力,平台的算法就会提供更高的曝光度,厂商和广告主也会帮助网红的数字劳动成功变现,这些正向反馈就会让网红群体保持在场,持续输出劳动。而一旦受众反馈为负时,粉丝群体崩溃且再难维系,平台、机构乃至厂商也会给出负反馈,网红群体只能暂时离场。网红的在场与离场不仅受到反馈的影响,还与网红的数字劳动本身以及外部的客

---

① ARNOULD E,PRICE L. River magic:extraordinary experience and the extended service encounter[J]. Journal of consumer research,1993,20(1):24-45.
② BOSS直聘.李佳琦薇娅虽火,带货人才超半数最高月收入不过万|2019"带货经济"从业者现状观察[EB/OL].(2019-11-12)[2023-05-28]. https://www.sohu.com/a/353327390_209208.

观因素紧密相关,例如,直播带货中售卖产品的好坏、国家政策和法律法规对其的约束等,一些网红就因在数字劳动过程中售卖假货口碑一落千丈,或因触犯法律法规而永久离场。2021年12月20日,新华社发布消息称,淘宝平台的"直播一姐"网红薇娅因逃税被追缴税款、加收滞纳金并处罚款共计13.41亿元,薇娅这个坐拥千万粉丝、红极一时的电商神话最终面临的是全网封禁的结局。

由于许多年轻人对互联网产业发展前景的良好预估,以及网红群体本身灵活、极具个性化的数字劳动,许多网红在暂时离场后还会调整劳动的内容和机制再次返场。在此背景下,青年主播并不简单地把数字化表演劳动作为终生目标或过渡选择,而是将其作为一种有利于培育就业能力和增加就业机会的途径。[①]

第二节 网红主播数字劳动的运作逻辑

网红主播在数字劳动的实践中实现了与用户的深度互动,也在平台资本的隐性剥削中完成了数据生产和新的资本积累。在这一过程中,资金、技术、人才等各种力量参与其中,牵动着网红主播的直播表演,更深刻地影响着他们数字劳动的卷入程度。观察和分析网红主播参与直播活动进行数字劳动这一行为,窥探各要素对网红群体数字劳动的影响程度,能够描摹出网红群体数字劳动运作逻辑的图谱,这对深入认识网红群体数字资本中的场景桥接具有重要意义。

网红主播参与网络直播的动力一方面来自经济利益,在数字资本的引导之下,网红主播纷纷卷入直播活动的数字劳动,在用户和资源的争夺战中谋求更多的资本利益,即通过各类表演、带货活动,在流量和打赏机制中,获取更多的收入,占领直播"赛博空间"中更高的地位。另一方面,直播本身带来的情感层面的满足也驱动着网红直播在接连不断的数字劳动中乐此不疲地进行直播,并将其作为日常的惯习,贯穿生活的每一个环节。可以说,网

---

① 王斌.自我与职业的双重生产:基于网络主播的数字化表演劳动实践[J].中国青年研究,2020(5):61-68.

络主播参与直播活动的资本逻辑和情感逻辑,分别从显性和隐性视角为网络主播的数字劳动行为作出阐释,指明其底层逻辑链条的各个环节,编织网红主播在直播活动中的利益关系网。

一、数字劳动的资本逻辑

资本逻辑指的是资本运动的内在逻辑,指称资本无止境地自行增值的本性和必然性。[1] 内生性的资本积累是数字资本得以在网络直播中维持发展的动力,也是资本拥有其逻辑的根本目的,并与平台资本中的权力分化与等级结构密切相关。网红主播的数字劳动是资本逻辑驱动下的必然产物,它深刻体现了数字资本对于主播直播行为的操控。而用户作为网络直播活动的接收者与消费者,其内在的消费行为本身亦是数字资本操控的产物。

无论是人还是物,直播活动的各个参与要素均在量化的指标之下成为资本的傀儡。数字劳动的资本逻辑让每个参与主体都成为资本链条上的一环,彼此间的利益关系也在资本的影响之下日益扭曲。当直播活动的内容被完全资本化,网络直播本身及整个行业就彻底沦为了资本家的金钱游戏,在此过程中,网红主播必然是资本化的中心。根据对已有数字劳动过程的考察,笔者在此也立足网红主播这个群体,分析网红数字劳动背后的资本逻辑进程,即商品化、剩余价值生产和资本积累。

(一)商品化:量化指标操纵下的数字劳工

商品化是数字劳动生产的出发点,当网络直播中的一切产品和活动都演变成了商品之后,资本的生产与积累才有了可能。福克斯认为,互联网平台数字劳动的商品化可以归纳为三个方面:第一个方面是用户生产内容的商品化,第二个方面是对用户网上行为的商品化,第三个方面是对用户娱乐与情感的商品化。[2] 对于参与数字劳动的网红主播来说,这三个方面在直播的过程中均有所体现,商品化让网红主播自身及其行为和情感等均在量化指标的衡量下成为资本剥削的对象,他们展现在直播场景中的所有内容都成为背离自我的资本操纵下的产物。

---

[1] 朱贻庭.应用伦理学辞典[M].上海:上海辞书出版社,2013:93.
[2] 王莉.数字劳动理论的政治经济学分析[D].福州:福建师范大学,2019.

互联网技术的发展让每一个参与者都从消费者变成信息的生产者,网红主播每一次直播活动的进行,都是新的数据信息生产的过程,这些信息转换成商品,被平台的数字资本不断吸收和利用,成为之后卷入更多数字劳动的初始产品。网红主播参与直播活动生产的产品就是他们在虚拟传播场景中所提供的视听服务,包含各项才艺表演和其他类型的服务等。在这个过程中,他们的表演开始变得可以用资本进行度量,比如很多主播会提出要求,当直播间的打赏金额达到某一数值时,自己就会再跳一支舞或进行其他表演等,这就是主播生产内容商品化的鲜明体现。就网上行为的商品化而言,量化的数据指标是直播活动的资本逻辑中的重要因素,网红主播的直播活动不仅是自我行动的展演,更是在平台和 MCN 机构要求下由数据指标操控的表演。不少网红主播参与直播活动时,都面临着平台和培训机构提出的数据指标,这些数据指标让网红主播的直播活动本身变得资本化,网红主播的每一个行动也成为达成量化指标的非自然表演,主播行为所制造的数据成为其日后改变直播活动内容的重要依据。比如,某主播在直播中进行某项新的才艺表演时,观看量突然激增,那么,该主播日后就将会把该行为作为赚取更多流量和打赏的重要手段。在商品化的侵蚀之下,网红主播的娱乐与情感也开始成为数字资本商品化的对象,休闲、快乐与劳动被牢牢地捆绑在一起,哪怕是在直播间内的开怀大笑与放飞自我,也成为平台数字资本占有的重要内容。

(二)价值转化:剩余价值最大化下的资本游戏

网红主播的剩余价值生产是其进行数字劳动的核心环节,也是数字资本压榨网红主播的关键所在。通过剩余价值生产以追求经济利益的最大化,是数字劳动资本逻辑的核心,也是其根本目的所在。马克思指出,劳动者出卖的不是劳动而是劳动力,工人同资本进行交换的,是他在一定年限内可以耗尽的全部劳动能力,对于工人来说,他的劳动力的生产性成了他人的权力,总之,他的劳动如果不是能力,而是运动,是实际的劳动,就会是这样的;相反,资本是通过占有他人劳动而使自己的价值增值。[1] 剩余价值在本

---

[1] 李楠.马克思剩余价值理论与当代社会[J].马克思主义研究,2003(2):75-82.

质上是无偿劳动时间的物化,资本实现自我价值稳定的秘密在于它享有人的一定量的无偿劳动。对于网络直播而言,这种剩余价值的生产主要体现在劳动时间的无限延长和劳动主体的无限性两个方面。

线上的直播活动消弭了劳动的时间与空间限制,只要主播想直播,任何时间都可以开启直播,这种劳动的便捷性看起来降低了网红主播劳动的难度,却在无形之中加深了他们数字劳动的卷入程度,劳动时间的无限延长对他们来说主要表现为工作和生活界限的消失,当劳动与非劳动的界限变得模糊不清,资本的逻辑便会将非劳动时间占领为劳动时间,这部分即网红主播进行的剩余劳动。当直播睡觉、直播吃饭等成为网络直播的新内容,网红主播的剩余价值生产便得以完成。劳动主体的无限性即参与网络直播主体的无限性,在直播门槛日益降低的当下,任何人都可以凭借网络平台摇身一变,成为直播间中万人瞩目的"焦点"。这种无限性在很大程度上拓宽了网络直播中剩余价值生产的渠道,将更多的人卷入直播活动中来,造成了一种"全民直播"的假象。很多人把网络直播当成副业,利用自己的下班时间进行直播、赚取收益,这就是资本逻辑驱动下剩余价值生产拓展的有力证明。

通过连续不断的剩余价值生产,网络直播中的权力等级结构得以形成,受众成了提供资本基础的供给方,而网红主播、平台、MCN 机构、广告主等多元主体则成为瓜分资本的主体。这种剩余价值生产导致的权力分化与等级结构的形成,深刻地反映了资本逐利的本质,各方都企图在资本的游戏中分得更多的收益,但这种收益本身就存在着复杂的不对等性,它也进一步彰显了数字劳动背后的资本逻辑链条的复杂性。而对于资本本身而言,剩余价值产生之后,还有待于进一步的资本积累与强化。

(三)资本积累:自我增值动力下的行业竞争

资本逻辑的自我增值需求和追求利润最大化的本性必然导致资本积累的最终诉求,主播在数字劳动中逐渐加入"内卷"的斗争,悄然间被平台收割了一波又一波的资本利益。正如马克思所言:"现在,对过去无酬劳动的所有权,成为现今以日益扩大的规模占有活的无酬劳动的唯一条件。资本家积累得越多,他就越能更多地积累。"①在资本的游戏之中,资本家永远是最终的受益者,他们通过"资本生资本"的方式,将所有卷入数字劳动中的主体孵化成自我利益的生产器。首先是主播,其次是用户,最后是广告主及其他参与者。

虽然直播间的开设门槛较低,不需要资本,但是,不同直播间的等级却依靠资本来区别。受关注的直播间,就能够获得更多的流量,获得更多的虚拟货币。关注少的直播间,则获得较少的虚拟货币。② 有的直播间需要观看者支付一定量的虚拟货币才能够进入,而有一些则允许观看者免费进入,不同的准入制度将直播间划分成不同的等级,那些受到观众关注的主播便会在流量的积攒之下走向首页推广,受到更多人的关注,而那些被冷落的主播,则会面临粉丝数每况愈下的难题。在资本逻辑引导之下,资本积累的现象将在直播行业的竞争中愈加显著,那些受到用户关注、坐拥流量和虚拟货币的主播会逐渐成为头部主播,渐渐与其他主播拉开差距,这就形成了资本控制下直播空间中的资本分层,并进一步加剧网络直播行业的"贫富差距"。2022年2月,广州电商新势力造物节发布了部分网络主播2021年度净收入排行榜单,李佳琦位列第一,年度净收入高达18.553亿元。网络直播中的"贫富差距"一方面固化了资本积累的途径,阻碍不同"直播阶层"之间的社会流动,另一方面也会引发价值观的撕裂和行业震动。头部主播拥有更多的流量和资源,长期发展下来就会占有直播界的行业话语权,当他们的观点并不能够代表包括尾部主播在内的所有主播时,价值观的不同就会引发尾部主播的一系列反抗行为。后者通过恶搞、自虐、性暗示等违法行为吸引观众的眼球,以博取更多的关注,企图在庞杂的直播行业中占领自己的一席之地。2019年6月11日,主播"乔碧萝殿下"在斗鱼平台注册账号,于2019年6月13日在斗鱼平台首次开播。"乔碧萝殿下"是斗鱼APEX分区的主播,直播时通常用卡通图像挡住脸,仅以甜美的声音进行游戏直播或者闲聊唱歌。2019年7月25日,"乔碧萝殿下"在直播时出现事故,之前一直挡脸的表情包突然消失,无滤镜无美颜的真实相貌曝光,"萝莉变大妈"的场景就此

---

① 马克思.资本论[M].李睿,编译.武汉:武汉出版社,2010:125.
② 龙柏林,刘伟兵,郑礼肖.资本逻辑、异化与全民网络直播[J].重庆三峡学院学报,2017,33(5):38-43.

走红网络。7月29日,"乔碧萝殿下"的粉丝量涨至60万,登上了斗鱼热搜榜榜首,视频弹幕厚度甚至赶上了百万粉丝级别的大主播。后经斗鱼平台调查核实,该事件系主播"乔碧萝殿下"自主策划、刻意炒作。自2019年8月起,"乔碧萝殿下"被多个直播平台封禁。类似"乔碧萝殿下"的网红们无疑在饮鸩止渴,不仅会就此中断自己的直播事业,还会危害直播行业的绿色健康发展,甚至给整个社会的价值观引导带来难以磨灭的负面影响。

二、数字劳动的情感逻辑

在网络直播间的各种社交场景中,网红主播与用户之间往往能够在互动过程中迅速地获取交流所需的"情绪能量"。在柯林斯的行动理论里,"情绪能量"指的是"一种采取行动是自信、兴高采烈、有力量、满腔热忱与主动进取的感觉"。[①] 这种"情绪能量"是网红主播参与数字劳动的动力与源泉,亦是广大用户能够被主播圈粉的关键所在。直播场景中的"情绪能量"能够随着多方互动程度的加深不断增强,对于用户来说,良好的沉浸感体验强化了他们与主播之间的黏性,也让网红主播的数字劳动更加自然化。

对于网红主播来说,数字劳动的情感逻辑体现在由情感唤醒到情感传递再到情感维系的整个线性过程中,且这个过程具有高度的自发性、隐蔽性与流动性。它彰显了网红主播数字劳动中的某种自我信念以及非理性思想的整体认知状态,清晰地反映出网红主播参与直播活动的深层次逻辑动因。

(一)情感唤醒:自发性集体情感认同

情感唤醒是网红主播参与直播活动的出发点,亦是其数字劳动中情感逻辑的第一环节。直播场景中情感唤醒的形成离不开封闭空间、共同注意力与群体性认同这三重要素。封闭空间为情感唤醒提供了绝佳的场景,它是主播与用户之间形成情感连接的重要基础,促进了网络直播的场景传播。在封闭空间内,主播和观众之间针对某一对象或者某一话题进行讨论或交流,交换彼此的看法和态度,让直播场景内所有用户的关注点都聚焦同一个目标,即形成共同注意力。随着交流的不断深入,情感在这场互动中的占比

---

① 柯林斯.互动仪式链[M].林聚任,王鹏,宋丽君,译.北京:商务印书馆,2009:87.

逐渐增加，网红主播与粉丝之间不再止于娱乐内容的分享，一些有关个人隐私的情感经历成为进一步拉近彼此距离的有效话题，进而在深度讨论中激发双方的认同感。群体性认同是情感唤醒的重要标志，但在某些情形下，非群体性认同亦能够引发参与者的数字劳动。这主要是因为网络的虚拟传播场景缺少了诸多现实生活中的约束，因此，直播间内的情感唤醒既有可能是正面的，也有可能是负面的。

网红主播在不自觉的情感唤醒中卷入数字劳动，为后期的情感传递和维系打下了基础。在这一环节中，数字劳动情感逻辑的自发性体现得淋漓尽致。网红主播初始的情感表达多半出于内心的真实所想所感，无论是正面的还是负面的，都是网红主播自己作为直播活动发起者的主观意识的直接体现，更重要的是，这个环节的用户情感卷入也是主动自发的过程，他们因兴趣被某个主播所吸引，进而在直播间内与主播形成互动，在情感上达成连接。上海戏剧学院2017级京剧表演专业的杨淅、边靖婷、朱鹮、程校晨，自2019年以来，在短视频平台发布与京剧表演相关的练功、演唱等视频，还通过网络直播传播京剧的文化知识。在他们的众多作品中，仅《探窗》的表演在社交平台的播放总量就超过5000万次，获得了超过250万次的点赞量，她们以年轻人喜闻乐见的方式吸引了不少京剧迷，也唤醒了其他受众对京剧的热爱和对中国传统文化的认同。但这种情感唤醒也能成为主播和用户卷入数字劳动的逻辑动因，使其情感互动最终成为数字剥削的对象。

(二)情感传递：隐蔽性双向情感融入

在与其他用户进行情感唤醒的初期，网红主播往往难以意识到自己已然在无形之中为观众带来了情感传递上的资源与能量，他们会觉得某类用户在短时间内的积极互动或形成情感连接是源于直播间的某种机缘巧合的直播事件，用户们针对彼此共同密切关注的直播话题或突发事件展开临时性的交流讨论，这样一个情感唤醒的过程，让观众之间很好地完成了直播情感互动的初级阶段。情感唤醒到情感传递的转变在于主播开始有意地营造焦点性的讨论，激发受众的心理与情感共鸣。很多用户最初都是在无意识或者巧合下选择与主播达成情感连接的，网红主播的数字劳动一开始也是在自发性的情感中进行的，但在情感逻辑的运作之下，网红主播开始进行主动的情感传递,其"人设"被进一步强化,情感的功能性得到进一步发挥,甚至会演变为网红获得流量和粉丝数的工具。

随着主播不断深入直播场景内的情感互动,这些情感因素也从互联网生活逐渐转移到现实生活中,并影响着自身的社会化发展。对于受众来说,越来越多的受众投入到情感传递的活动中,形成巨大的"粉丝情感经济",在直播平台数字资本的控制下,粉丝受众的劳动形式深深陷入"平台—主播—粉丝—劳工—情感—流量—资本"的闭环之中。[①] 对于网红主播来说,有时为了更加可观的经济收益,他们在情感传递的过程中不断放大情感表现与体验,其作秀感与表演性愈加强烈。

(三)情感维系:流动性社群情感运营

当网红主播把自己的所有时间都用于直播的情感传递之后,其情感深化的结果就是进一步的情感维系。情感的流动性是网红主播在情感维系过程中的重要特征,这种流动性体现为个体情感体验的多样性与多变性。人的情感主要包括正性、负性、积极和消极四种,诸如欢乐、惊奇、愤怒、悲哀、厌恶等,这些具有个体化的精神心理状态和情感表征,在较为稳固的社交关系中会逐渐形成一种情感体验,并在一定的场景内呈现多维度的流转和传递。在网络直播中,网红主播个人的积极情感会传递给用户,唤醒用户的正向感受和情绪反应;与此同时,用户个人的心理体验也能够及时地传递给主播,这种双向的情感传递正是场景传播中情感互动的形成。在小红书平台上,"詹小猪Coco"从一位普通的大学生博主逐步成长为拥有130余万名粉丝的网红,用户因为其优质的美妆和生活分享内容而关注她。在粉丝越来越多以后,粉丝的关注、点赞等正面的情感互动对她来说成了一种鼓励和认同。她也开始有意识地给自己充电,不断拓宽自己的边界,给粉丝分享更多学习、生活中的正能量,她的成功也得益于和粉丝之间形成的这种情感互动的良性循环。主播自身情感的流动性可以在情感维系中传递给每一个观众,并形成线上线下一体化的长期效果,影响着每个参与者的日常生活。

对于网红主播和用户来说,数字劳动的情感逻辑引导的数字资本剥削

[①] 刘懿璇,何建平.从"数字劳工"到"情感劳动":网络直播粉丝受众的劳动逻辑探究[J].前沿,2021(3):104-115.

不仅仅体现为直播间内的即时劳动,更体现为主播在粉丝社群运营中所耗费的情感成本。社群运营中的情感维系让网红主播在数字劳动的过程中不断丧失闲暇时间,可用时间减少的紧迫感变得愈加强烈。对于他们来说,个体沉浸在虚拟的直播空间越长,越容易与现实生活脱离,为了直播间内的情感维系,越来越多的主播开始把闲暇时间也用于维系与粉丝之间的情感,情感维系的初衷成为数字资本的工具,一切情感付出都逃不出数字劳动逻辑。

第三节 网络直播数字资本的场景桥接

网络直播通过互联网平台将物理空间的场景资源进行线上的数字转化,生成了全新的数字资源,并打通了内容生产、发布,以及产品营销宣传、价值变现等全流程渠道。如上文所述,数字资本主要包含两重要素,一是数字禀赋,即数字技术和应用方式,二是数字资源,如计算机软硬件以及网络连接等。数字资本能够随着时间推移获得积累,并通过时间投入和经济投资转化为其他的资本形式,为行动者带来社会收益。随着 5G+AI/VR/AR/MR 等新型直播模式的开启,网络直播将形成以"网红"为枢纽节点的多元场景汇聚网络,并最终发展为场景共同体。这媒介化的直播盛宴,创建了新的生产关系和产业模式,促进人们达成情感认同、实现价值共创、推动文化共建。

一、网络直播时空场景的动态桥接

网络直播即时连接的方式,让多元空间场景实时连接,形成网络直播平台的共时空间场景。如前文所述,网络直播所具备的桥接力在这种跨空间的场景桥接中助推不同领域的资源相连接,并驱动其价值转化。随着技术发展,网络直播将形成场景的动态桥接,即在直播平台中连接一切空间场景,连接过去、现在与未来的时间场景,连接虚拟和现实场景,连接公共和私人场景等,实现万物皆可直播、一切场景皆可桥接的景象。

在传播学范畴内,网络直播平台的时空场景是通过实时图像、声音、视频等信号的传输,以及现代影音技术的作用而形成的实时传播空间场景,现阶段主要表现为物质性的空间再现与技术性的虚拟空间融合。以实时传播为基本特征的网络直播平台,强化视听感知,更重塑了场景的空间观念。

其一,网络直播场景连接多重空间视角。一方面,在同一直播平台中提供多个场景视角。2019年国庆阅兵仪式直播中,央视新闻新媒体与快手平台合作推出"多链路"网络直播。用户不仅能看到立体高清的现场画面,也能自由选择观看场景,与现场观众一样,拥有多视角的场景选择权。另一方面,综合多用户的空间视角,多维度还原事件全貌。在网络直播平台,不同的主播对同一事件进行直播,让用户了解更加全面的信息。2020年4月30日,珠峰高程测量的直播报道中,不仅有传统主流媒体的直播报道,更有用户在直播平台发布的个人化直播视频。在快手"带着快手登珠峰"活动页内,许多网络大V用自己的直播账号,从个人的视角与大家分享5800米营地的厨房、帐篷和攀登者的背包的情况。其中,快手用户"珠峰攀登者汝志刚"的视频直播累计约2000万人次观看。用户通过汝志刚快手直播的攀登者个人化视角见证了珠峰实况。攀登珠峰直播中,不仅有主流媒体的直播视角,也有在快手等直播平台中以攀登者个人化视角所传递的叙事空间。

其二,网络直播连接跨空间场景体验。一方面,技术拓展了场景的空间体验。央视频推出的2021年春晚VR直播"VR Family 云团圆 全景直播看春晚",运用VR影像技术和沉浸声技术,使观众不仅可以自由操控视频视角,还可以听到来自现场所有方位的声音,坐拥全场景空间的视听体验。另一方面,网络直播带来新的视频传播形态,即以直播内容空间场景画面为主,消除前期议程设置、视频剪辑、解说词的干预,形成非干预的空间视频文本。在网络直播平台中,"云自习""云旅游""云监工",以及日常生活中的萌宠直播等具有场景空间体验感的网络直播,均以空间体验为主要内容,运用非干预的空间视频文本传递信息。

在空间社会学范畴内,空间是一个社会生产的概念。空间既是物质的实体,即人类劳动的物质化外在显现,又是生产的社会关系的抽象体现。空间容纳了各种被生产出来的事物,并包括这些事物之间的相互联系。简而言之,空间既是社会活动的产物,又是社会活动的生产者。网络直播平台的时空场景也将成为新的社会关系的载体。

网络直播平台的时空场景本身作为商品而存在。空间本身可以作为大量生产出来供人们消费的商品而存在。如在城市空间中,迪士尼乐园作为空间商品被生产和消费。同样,网络直播平台中的空间场景也经历了作为产品的生产过程。一方面,网络直播内容本身可作为空间消费品。例如,抗击新冠疫情期间,旅游类网络主播将旅游景点的场景实时播出,呈现"云旅游"的状态,直播中的旅游景点场景作为一种旅游消费品,与线下的旅游消费品相结合,成为生产出来的虚拟空间商品,带动物理空间商品的消费。另一方面,网络直播将线上的虚拟时空场景向线下的物理空间场景拓展。2019年5月,花椒六间房推出"直播+文化旅游"新形式,花椒六间房AKID直播小镇正式开放。2020年3月,全国首个"中国青年电商网红村"在杭州未来科技城梦想小镇成立。此类直播场景的线下拓展模式将优质的线上直播资源与线下资源加以整合,实现了直播从网络空间到物理空间的融合。

网络直播平台的时空场景推动跨领域的资源整合。网络直播平台成为连接物理空间与虚拟空间、生产与消费、产品与营销等环节的"中区"场景。网络直播将不同环节的资源进行整合,极大提升了价值转化率。不论是边远地区种植农产品的农户,还是传承非物质文化的手工艺人,都可以通过网络直播平台直接面对消费者,实现跨区域的资源整合。同时,用户在直播平台中从事着观看、评论、点赞等免费的数字劳动。用户的数字痕迹、基本信息、个人偏好、社交图谱等汇聚成海量的数据资本,实现平台数据资源的积累,创造了巨大的商品价值。从平台内部看,直播平台根据用户的数据信息和流量走势来向直播机构发布网络直播的内容需求。从外部来看,平台将不断拓展直播领域,包括文旅、教育、公益、城市等,进一步实现跨领域资源整合。总体而言,网络直播建构的时空场景实现了跨领域资源的连接,直播汇聚的庞大流量则提升了资源的价值转化效率,进而形成融合多领域资源的网络直播场景。

网络直播平台塑造的新时空场景形成了新的生产关系。网络直播的时空场景是新生产关系的产物,同时,新空间的诞生和发展也会催生和推动新的生产关系的形成。如上文所述,在网络直播平台的时空场景中,主播、平台、机构等形成了新型生产关系。主播从事着数字劳动、情感劳动,通过粉丝用户赠予的数字货币实现价值转化。主播在从事劳动的过程中,受到机构的绩效机制和平台内容生产机制的多重制约。与此同时,网络直播平台也催生了新的生产力,包括作为免费数字劳工的粉丝用户,以及受新雇佣方式雇用的"签约主播"等。网络直播平台形成的多元时空场景连接,汇聚了不同领域的资源,也形成了新的生产关系。

二、网络直播的场景共同体

未来,随着通信技术、人工智能以及虚拟现实技术的发展,网络直播的场景将逐步在体验、情感、关系等方面实现多重升维。网络直播场景从现阶段的资源整合,到群体意识的融合,形成共同体验、塑造集体记忆、达成情感认同、实现价值共创。网络直播场景桥接的升维,将是从资源连接到人的群体意识连接的过程,也将是从桥接型的弱连接到具有强烈群体认同意识的过程,并将形成在思想和行动上具有集体同一性的网络直播"场景共同体"。

关于"共同体",其英文表述"Community"中的"Com"来源于拉丁文,意为"共同、一起",而"munity"意为"承担"。[①] 1887年,德国社会学家斐迪南·滕尼斯(Fernand Tonnes)在他的著作《共同体与社会》中,将共同体定义为"建立在自然情感一致基础上、紧密联系、排他的社会联系或共同生活方式,这种社会联系或共同生活方式产生关系亲密、守望相助、富有人情味的生活共同体"[②]。1979年,波普兰将"共同体"定义为社区、社群以及在行动上、思想上遵照普遍接受的道德标准聚合在一起的团体。[③] 德国社会学家马克思·韦伯则将"家"定义为一个由人们长期紧密地以人际交往方式共同生活而造就的"命运共同体"。[④] 我国学者章天戬认为,社会生活共同体就是建立在劳动基础上的,以共同生活或集体生活为目的和基本方式,将社会各种关系和纽带联系在一起的人群共同体。[⑤]

概而观之,"共同体"被社会学家赋予了"为了特定目的而聚合在一起生活的群体、组织或团队"的含义。同时,"共同体"的概念发展至今,已成为包

---

① 张志旻,赵世奎,任之光.共同体的界定、内涵及其生成:共同体研究综述[J].科学学与科学技术管理,2010(10):14.
② 滕尼斯.共同体与社会[M].林荣远,译.北京:商务印书馆,1999:65-73.
③ 张志旻,赵世奎,任之光.共同体的界定、内涵及其生成:同体研究综述[J].科学学与科学技术管理,2010(10):15.
④ 李猛.理性化及其传统:对韦伯的中国观察[J].社会学研究,2010(5):1-30,243.
⑤ 章天戬.社会主义核心价值观与社会生活共同体构建[J].理论学习,2016,391(4):29-32.

含血缘、地缘、业缘等多层面内涵的复杂集合。从原始时代依据血缘和地域的自然生成，到印刷时代由情感维系的人为构建，再到互联网时代由互动、分享与参与构成的共同体，可见，共同体的构建方式随着媒介技术的发展而产生着新的变化。

关于"场景共同体"，在早期原始社会中，聚集于场景中的群体组织大多与祭祀活动相关联。在远古祭祀活动中，人们多选择某一特定的时间点对劳动生活进行场景化表现。人们以乐舞、巫术献祭神灵，祈望神灵保佑其所在群落的生产与收获。在祭祀这一场景中，人们通过某种定时的仪式来分享彼此共同的情感、信仰与文化。在传统社会中，出于对共同信仰的共享，宗教逐渐成为一种大型场景共同体。因此，有学者认为"场景共同体指因场景的产生（出现）、发展、消失而产生（出现）、发展、消失的基于社会互动关系和共同情感、价值、立场、观点或者信仰等因素而产生的文化或行动共同体"[1]。关于场景中的互动，美国社会学家兰德尔·柯林斯（Randall Collins）在《互动仪式链》一书中提出线下场景互动中互动仪式链的四要素，即"两个或两个以上的身体共同在场；对局外人设定了界限；人们将注意力集中在共同关注的对象或活动上；分享共同的情绪或情感"[2]。这是人们形成线下场景互动的前提要件。

可见，学者们将场景共同体建立于共同情感、价值、立场、观点或者信仰的基础之上，强调场景本身，以及因场景而形成的互动机制和互动关系，也指出了共同体在行动和思想上的同一性。在网络直播平台中，直播用户通过实时观看、关注、点赞、连线、弹幕评论、礼物赠送、转发分享等媒介化场景互动方式参与网络直播社群活动。我们再次反观网络直播场景中的场景互动行为，探讨在未来场景不断升维的过程中，人们将如何形成强烈的认同意识。

在直播场景中，直播塑造社群"集体记忆"，形成可唤醒集体记忆的场景共同体。法国社会学家埃米尔·涂尔干曾指出，集体记忆是在一个群体里或社会中人们所共享、传承以及建构的事或物，其本身是一个传播的过程，

---

[1] 王军峰.从"想象"到"参与"：社交媒体与场景共同体——以春节微信红包为例[J].西部学刊（新闻与传播），2016(5)：35.
[2] 柯林斯.互动仪式链[M].林聚任,王鹏,宋丽君,译.北京：商务印书馆，2009：106-112.

通过"分享、讨论、协商,甚至争论"来共同形成。① 集体记忆包含过去、现在和未来。网络直播将通过虚拟影像的技术和界面化的方式连接过去和未来场景,使用户可以参与过去或将来的集体记忆。正如2019年国庆期间《人民日报》与网易新闻推出互动产品《一笔画出70年》,以及《时代青年秀》《我的年代照》等,用新媒体的形式带领用户回顾共和国发展历程,将国人的集体记忆一一呈现。相对于短视频而言,网络直播在形成集体记忆方面更具优势。网络直播形成的共时空间场景,在同一时间段汇聚大量用户,创造共同体验,用户因而能够感受集体记忆。

在直播场景中,直播增强了沉浸参与的情感体验,形成具有文化认同的场景共同体。柯林斯互动仪式的核心机制在于"高度的相互关注和情感连带——通过身体的协调一致,激起参与者的共同情感——多种因素结合,从而形成了与认知符号相关联的参与者的身份认同感,也为参与者带来了情感能量"②。其中,共同的情感体验和情绪分享是直播场景互动的重要内容。沉浸技术的持续发展将带来全景式的沉浸交流体验。2020年11月,故宫博物院联合快手平台推出"全景VR+多链路"的"多彩的故宫·秋日的唯美"主题专场直播,③用户转动手机即可360°观看故宫秋色。2022年3月9日,山西消防通过抖音平台开展"2022年春季全国中小学消防安全公开课",1∶1还原7种真实场景,360°全方位"沉浸式教学",全省7800余所中小学校、451万余名中小学生参与学习。央视主持人李佳明作为"课代表",带着孩子们参与从开场的消防知识科普小短片的讲解,到趣味小实验和1∶1实景演绎的全部课程内容,学生们在实验中收获"真理"。④ 在沉浸式互动参与中,学生们不仅能够身临其境地学习知识,还能在主持人的引领下获得情感体验。

在直播场景中,直播建立了社群共同行为准则,形成具有行为引导力的

---

① 李黎丹.共建脉络温暖的集体记忆:国庆70周年阅兵报道的新媒体传播[J].新闻战线,2019(10):36-37.
② 柯林斯.互动仪式链[M].林聚任,王鹏,宋丽君,译.北京:商务印书馆,2009:106.
③ 何欣."全景VR+多链路"直播 快手独家360度立体呈现秋日多彩故宫[EB/OL].(2020-11-14)[2021-10-18]. http://news.cyol.com/app/2020/11/14/content_18851162.htm.
④ 山西法制报.360度全方位"沉浸式"学消防,这场直播备受关注[EB/OL].(2022-03-11)[2022-03-18]. https://mp.weixin.qq.com/s/IZBLkoXnOM-IJso6FujO_Q.

场景共同体。在网络直播间,用户的行为将通过话语、行为规范及技术约束的形式发挥作用。在直播时间段,直播间掌握话语管控权的管理型粉丝将通过"提醒""禁言""删除"等方式进行话语管理。同时,平台也会通过智能算法对直播内容和评论语言进行智能管理。在非直播时段,社群的管理者会制定一套完善的社群规则,包括社群的准入机制、社交媒体传播内容以及线下活动的组织和管理。

未来,网络直播的桥接力不断增强,将形成可连接一切场景的场景网络。网红群体汇聚流量、连接多重资源,成为场景网络中的枢纽节点。按照卡斯特关于流动空间的定义,"枢纽"是交换中心、通信中心,扮演协调的角色,使整合进入网络的一切元素顺利地进行互动。[①] 彭兰认为,节点互动是影响互联网社会结构的关键。[②] 网红群体从事的数字劳动既促成网络社会关系的建构与维护,也推动大量资源的汇聚与价值的转化。作为节点性的存在,网红群体在场景网络中发挥重要作用。随着沉浸式直播模式的开启,网络直播社区群体用户的共同体验增强,在他们之中逐步形成共同记忆、文化认同和行为准则,该群体最终将发展为场景共同体,形成新的媒介生态。

[①] 卡斯特.网络社会的崛起[M].夏铸九,王志弘,译.北京:社会科学文献出版社,2006:384.
[②] 彭兰.新媒体用户研究:节点化、媒介化、赛博格化的人[M].北京:中国人民大学出版社,2020:15.

第五章 场景动能：
网络直播的社交消费与文化共创

随着网络直播在人们日常生活中实现深度渗透，直播场景正作为一种重要的驱动力，催生出新的交往关系、消费形态和经济业态，并让不同人群在虚拟空间中实现聚合与联动，共同营造新的文化样态。在直播场景的驱动下，主播和用户之间形成了基于利益交换的社交消费关系。主播向用户提供有形的商品资源与无形的注意力资源，用户则在交往互动中获得商品服务、情感能量和视听体验。

本章主要聚焦场景传播中的社交力，从消费端分析网络直播的直播消费形态、用户行为特征与文化生成机制，考察在新媒体场景的作用力下，直播如何驱动直播带货、情感消费、身体消费等经济文化现象，又如何在发展进程中逐渐演变，并催生出文化共创的场景新生态。

第一节 网络直播场景运转的动能逻辑

随着"直播＋"形态的破圈拓展，直播场景正赋能更多行业，并创造更加多元的文化价值。CNNIC公布的第51次《中国互联网络发展状况统计报告》显示，到2022年12月，我国网民规模达到10.67亿人，其中网络直播用户规模达到7.51亿人，占总网民人数的70.3%。如此高的直播普及率也意味着主播和用户不再局限于利益交换的消费关系，二者之间更包含着文化共创的伙伴关系，他们在参与式传播中共同助推公益行动、知识教育和文化传承。这样的发展趋向有助于构建清朗的网络空间，并为文化强国建设贡献力量。

网络直播把大众带入具有即时交互性、观赏性、共创性、体验性的交往

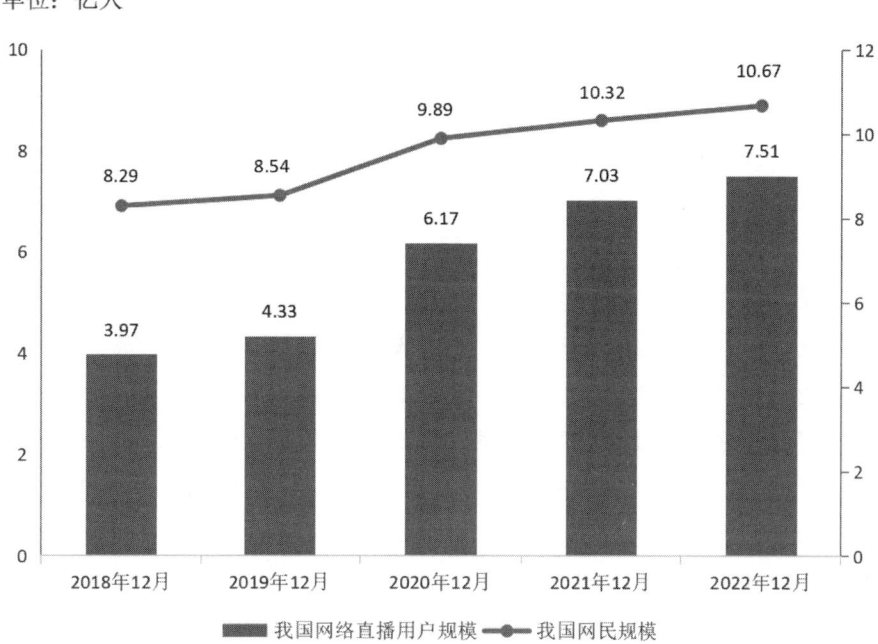

图 5-1 2018—2022 年我国网民及网络直播用户规模①

场域，改变着原有的人际关系、交互行为、传播结构乃至经济样态。直播场景之所以具备如此强大的变革能量，是因为背后有利益交换的社交消费逻辑与参与式传播的文化共创逻辑在共同驱动。

一、利益交换驱动下的社交消费

媒介技术的发展，极大地丰富了网络直播的交互和展示功能。一方面，网红主播可以通过在直播场景中的策划、导演与角色展示，实现"自我销售"，获得经济报酬或实现自我价值；另一方面，用户则可以通过对直播内容的关注和消费，获得情感陪伴或社会认同。可以说，网络直播这一媒介行为的核心是利益驱动下的人际交互。

---

① 图片中统计数据由本书作者根据中国互联网络信息中心发布的第 43 次至第 51 次《中国互联网络发展状况统计报告》整理。

在直播过程中，网红主播会根据自身定位进行表演、展示和媒介内容输出，努力吸引更多用户到自己的直播间驻足、观赏、交流，用户则会对主播的展演内容和提供的媒介产品进行判断，并决定是否与主播进行更深入的交往和交流。双方"认同"与"默契"的积累，会经过时间的考验凝结为一种情感联结，成为可以被利用的人际资本。可见，网红主播与用户之间的根本关系是利益交换的买卖关系，主播通过数字劳动获得人际资本，最终目的是实现利益回报。

首先，网红与用户的利益交换可以体现为直接或间接的经济消费逻辑。与传统媒体二次售卖广告的逻辑不同，网络直播具有即时消费的购物和打赏功能。在实时交流的过程中，用户可以随时购买虚拟货币，为自己信任或者感兴趣的主播刷礼物，随着互动和交流的深入，打赏的金额也会逐渐增多。更进一步来看，很多主播还会利用自身在直播平台中积累的人际资源，开设网店售卖商品，盘活人际资源，并获得经济回报。这是一种自愿式的利益互动，主播的"前台表演"与用户的"台下呼声"形成了较为完整的社会价值利益交换体系，让直播场景对经济和资本的依赖程度逐渐加深，形成互联网世界的"虚拟市场"。在这样的"虚拟市场"里，用户进行购物或者打赏的消费行为不仅代表着对主播传播的内容的赞同，还有效地支撑着整个直播行业的运转。

其次，网红与用户的利益交换也包含着社交报酬逻辑。在真实的社交场景中，人们需要付出相当多的时间成本和精力成本来维护人际关系，从而获得相应的群体归属感与社会认同。在虚拟的直播场景中，粉丝也要花费一定的时间去观看直播并做出一定的消费行为，才能获得自己预期的社交能量。因此，不管是真实社交还是虚拟社交，两者的内在逻辑是相同的，即在文化消费或经济消费中获得相对应的社交报酬。正如美国社会学家彼得·布劳（Peter Blau）所言，社会交往可能会由于种种不同的原因而产生报酬，从而使个体能够从社会关系中得到好处，这种人们在社交过程中所获得的利益或好处便是社交报酬。① 在直播场景中，粉丝可以通过观看直播满足自己内心的社会交往欲望，并逐渐对主播形成依附心理，这种心理补偿机

---

① 布劳.社会生活中的交换与权力[M].李国武，译.北京：商务印书馆，2008：51.

制可以为粉丝带来更多的信息资源,让他们与社会环境的变化保持同一步调。但必须指出的是,绝大多数情况下,网红主播与用户达成的社交关系,是一种类似真实人际交往的"准社会交往关系",虽然双方看似在进行互动交流,但这种互动是单向的、虚拟的、非辩证的,由作为表演者的主播控制,很难进行双向发展。①

最后,网红与用户的利益交换也是一种情感供需的匹配。伴随着生活现代化程度的提高,纯粹的物质性消费已经很难让现代人获得满足,各种性别、职业、年龄、地域的人们对于自我的定位和认知充满了不确定性,情感需求度越来越大。源于20世纪40年代的使用与满足理论,将受众作为具有某种特定需求的用户,把他们使用媒介的活动界定为满足个人某种需求的行为,受众通过自我选择和使用的媒介来满足自身的情感需求,或者为生活中的难题寻求抒发情绪的突破口。② 网络直播便通过拟真场景的营造,成为人们自我娱乐和情感补偿的重要选择。在直播过程中,主播和用户可以在同一封闭空间内就某一对象或某一话题进行交流,随着交流的逐渐深入,主播会通过更多的情绪流露和情感付出来拉近与用户的距离。例如,主播的称赞和关切可以为用户带来个体满足和自豪感,唤起他们的正向感受和情绪,从而满足他们的情感需求。

总而言之,在直播场景中,主播与用户以利益交换为核心展开人际交往,主播在人际资本积累的基础上为用户提供有形或无形的媒介产品,用户则在此过程中进行经济消费、社交消费或情感消费。

二、参与式传播驱动下的文化共创

在美国文化研究者亨利·詹金斯(Henry Jenkins)提出的"参与式文化"理论中,他借用米歇尔·德塞都(Michel de Certeau)提出的"盗猎"与"游猎"概念,来描述粉丝围绕流行文本从事的再生产活动。在互联网语境下,参与式文化的概念得到拓展,往往指以全体网民为主体,积极主动地创作媒介文

---

① HORTON D, WOHL R R. Mass communication and para-social interaction: observations on intimacy at a distance[J]. Psychiatry-interpersonal & biological processes, 1956, 19(3): 215-229.
② 蔡骐,刘维红.对传播学中使用与满足理论的再探索[J].湖南大众传媒职业技术学院学报,2004(1): 5-10.

本、传播媒介内容、加强网络交往的新媒介文化形态。①

在参与式文化中,人们会超越时空限制和挣脱生活圈子的束缚,建立基于共同兴趣的社区联盟,使分散的个体得以聚拢。在网络直播场景中,弹幕是直播平台的重要互动系统,受众可以随时发送弹幕与主播进行互动,密集的弹幕可以营造出共同在场的热烈氛围,极大地满足受众的参与感。由于弹幕具有即时性与瞬时性,用户在发送弹幕的过程中更易于显露个人的真情实感,弹幕成为用户情感表达的重要载体,用户发布的文字、表情符号等信息,也会成为直播的有效补充。从某种意义上看,弹幕已经成为网络直播必不可少的一部分,直播内容正是主播和用户在即时互动的过程中共同生产完成的。②

在参与式文化的影响下,用户的评价、提问和打赏等行为,以及主播对用户的即时反馈、信息供给和情绪输出,都是直播内容的重要组成部分。这意味着,网红主播和用户在网络直播过程中都会成为产销者(prosumer)。③主播向用户提供社交货币、情感能量或文化认知,同时也接受着用户的提问、关注、点赞等反馈,双方都获得了情感支持和社交满足,在媒介信息的生产和流动中,直播间成员的联系得以强化,促进成员们在主播提供的文化认知的影响下共同进行内容生产。

与参与式文化相伴而生的是粉丝现象,这是一种基于情感联系的经济文化现象。粉丝往往是那些对流行文本和偶像关注度与参与度最高的群体,网络直播中的粉丝,就是那些热爱、追捧主播并与主播密切互动的群体,他们有着较强的意愿与主播产生情感联结,并付出经济价值来维系和稳固这种联结。当今的商品经济,已经从以产品为中心,变为以用户为中心,再到以粉丝为中心,这样的转变让粉丝的地位逐渐超越一般消费者,也使得内容生产者格外注重与粉丝的情感沟通和符号互动。在网络直播场景中,如果主播提供的视听符号、情感体验和文化认知得到了用户的认同,那么,用户就会投入更多的情感与金钱来维护与该主播的联系,成为这名主播的粉

---

① 岳改玲.新媒体时代的参与式文化研究[D].武汉:武汉大学,2010.
② 王春枝.参与式文化的狂欢:网络直播热潮透析[J].电视研究,2017(1):83-85.
③ RITZER G. Prosumer capitalism[J]. The sociological quarterly,2015,56(3):413-445.

丝,并主动推广、宣传自己喜爱的主播。① 粉丝甚至会形成基于趣缘而聚合的文化圈群,在参与式传播中助推文化的认知与生产,释放出强大的行动能量。

我们可以看到,网络直播成为现象级的社交互动方式,让文化传播与价值生产走进全民共创时代。媒介生产的个体化进程加速,让现实生活中的人际纽带变得松散,媒介技术所建构的直播场景,则让原子化的个体能够在虚拟的网络空间进行集结与聚合。主播和用户在直播间中进行着信息交互和公开展示,每一位用户的发言、每一条信息的分享、每一次情绪的表达都伴随着符号、文本和认知的生产和交流,并汇聚成直播场景中的内生性传播合力,构建着独特的场景氛围,并创造着多元的文化价值。

第二节 网络直播场景中的社交消费形态

网络直播行业的迅猛发展,使得参与网络直播成为一种现象级的消费文化。在网络直播发展前期,直播场景中的消费形态往往与较为原始和本能的利益交换相关,商品的买卖、情感的供需、身体的展示与消费,往往是这一阶段社交消费实践的主要方式。

一、商品消费:直播带货与营销场景搭建

直播电商是指以实况直播为渠道达到营销目的的电商形式,是在数字化时代背景下,直播与电商双向融合的产物。相较于传统电商,电商直播具有去中心化、强标签化、强交互性和高转换率等特点。

网络技术的赋能,让电商直播的主播可以进行多元场景框架的搭建,让直播购物的过程变成社会交往的过程,彼此本无关系的主体在购物过程中建立了社交关系和信任关系,从而达到销售商品的目的。美国营销学家玛丽·比特纳(Mary Bitner)曾将商品的销售场景划分为三个维度,包括象征

---

① 钟晴.消费文化视角下的网络直播现象研究[D].长沙:湖南师范大学,2019.

符号、空间陈列和氛围条件[①]，在电商直播的虚拟场景构建中，这三大要素依旧发挥着重要作用。

其一，网络主播会通过符号元素的使用来为用户营造消费氛围。符号本身具有多种表意功能，符号的意义会随着语境的改变而发生变化。在电商直播中，商品常常被故意披上象征符号价值的外衣，主播通过妆造、服装等物理符号和言语、形态、互动等身体符号，引导消费者产生购物欲望。

其二，网络主播会通过空间陈列的展示来模拟消费场景。福柯发展了"全景敞视监狱"的概念，即四周是一个环形的建筑，中心是有监督者存在的瞭望塔，监督者站在瞭望塔中就可以观察四周的囚徒。电商直播间就类似一个"全景监狱"，观众是凝视主体，掌握着视觉权力。作为凝视对象的主播，为得到消费者的认可，会尽可能地进行自我修饰，设计室内和室外的直播空间，策划足以吸引受众的直播流程，这些都体现出空间陈列在直播中的功能性。

其三，网络主播会通过互动氛围的设计来增强临场的消费体验。相比于传统的网络电商，电商直播具备真实性、可视性、即时互动性等特点，主播会通过各种形式实现与消费者的互动，消费者也可以通过发送文字评论的方式与主播和其他正在观看直播的消费者进行互动，这都会给予用户现场体验感，以实现深度的购物参与。

由此可以看到，在不同类型的场景中，主播都在运用象征符号、空间陈列和商业互动氛围来引导用户进行商品消费。

(一) 购买场景中的商品消费

直播间的临场购买是电商直播中最常见的场景。主播通过还原线下购物的实体环境，让用户在观看直播时获得更真实、更具沉浸感的临场体验，熟悉的购买场景唤起了人们的消费欲望，随后的购买行为的达成也变得顺理成章。

首先，电商直播间通过保留品牌徽标、导购员等象征符号，实现对购买

---

① BITNER M J. Building service relationships: it's all about promises[J]. Journal of the academy of marketing science, 1995, 23(4): 246-251.

场景的还原。在品牌自播的直播间中,一般背景墙上都会展示大型的品牌徽标,与实体店在店铺门口悬挂印有品牌徽标的招牌相对应,用户点进直播间就有一种"走进"店铺的感觉,能够清晰感知直播主题。此外,实体店另一象征符号便是店铺中的导购员,以往消费者网购时多以自行浏览商品文字介绍或视频决定是否购买,品牌对用户的宣传是一种单向传播。而在电商直播中,主播扮演了实体店铺中导购员的角色,以专业身份介绍产品的性能优势,消费者在观看时可以提出疑问,主播进行回答,并通过各种话术劝说用户购买。这些象征符号的相互叠加,将直播间与实体购买场景的区隔减弱,尽可能还原出实体店铺的购买体验。

其次,许多直播还会直接将直播间搬到商场、仓库等实体购买场景,相似的空间陈列让用户的购物行为拥有更加真实的沉浸感。尤其是在一些代购直播中,代购主播为证明自身的真实性,经常会用镜头360°展示商场、店铺的环境,货架上的商品摆放整齐、琳琅满目,店铺里不同的分区放置着不同类型的产品,让人感觉自己也置身于店铺之中。胡正荣曾提出:"每个人的角色都是在特定时间、空间、情景、场合和需要中实现的。"[①]对真实购物空间的场景还原,打破了线上与线下的隔阂,让用户在观看直播时更容易把自己代入消费者的角色,观看体验与真实逛商场时的情形越来越接近,这种模拟的在场感带来了真实的沉浸感,进而推动消费行为自然地随之发生。

在商业互动氛围上,电商直播通过真人展示试穿试用过程、营造促销狂欢的紧张气氛、回答消费者问题等方式,为用户复原现实生活中的购买场景。实体店为了拉动消费,会推出各种活动激发消费者的购买欲,比如,通过广播播放打折促销信息等。在直播间里,这些环节也得到了重现。主播通过发放"电子优惠券"模拟商场的促销手段;同时,主播还会与品牌方上演"砍价戏码",代替消费者与品牌老板讨价还价,让人产生"现有价格是低价,不能错过"之感;另外,电商直播对于商品上架时的库存数量加以限制,烘托出商品供不应求的气氛,引导消费者形成"抢着买"的欲望,让直播间一直保持一种热烈、紧张的氛围,增强消费者购物的参与感、体验感;主播还会根据用户的留言,替大家完成试穿、试吃、试用等行为,将使用过程、试穿效果展

---

① 胡正荣.传统媒体与新兴媒体融合的关键与路径[J].新闻与写作,2015(5):22-26.

现给用户,并回答大家对于产品的疑问。一套流程下来,用户在观看中收获了身临其境的购买体验。

总之,电商直播通过保留实体店铺的象征符号、还原实体店铺的空间陈列、营造激烈紧张的商业互动氛围等方式,不断缩小线上直播带货与线下购买体验的差异,促成用户的消费行为。

(二)溯源场景中的商品消费

溯源场景通过展示产业链上游的场景,将不为大众熟知的生产、加工、制作等过程置于舞台前区,消除用户对商品的顾虑,为商品品质背书,建立用户和产品之间的信任关系,这种方式主要应用于农产品和工业产品的销售上。

在象征符号上,溯源场景下的电商直播注重突出原产地的生态环境、农户、工人们接地气的穿着打扮以及劳动过程中使用的生产工具等,以此向用户传递"源头好货"的隐喻。当下,人们对农产品的追求越来越重视绿色健康,溯源直播通过展示农产品原产地的蓝天、绿树、河水等生态环境符号,将产品与天然、无污染的概念相连,对消费者产生积极的心理暗示;原产地的农户或工人们大多身着具有当地特色的服饰,容易让消费者产生信任感。在淘宝主播烈儿对呼伦贝尔羊肉进行的溯源直播中,她身着具有蒙古族风情的服饰,以蒙古包为背景,这些符号能够无声地向人们传递羊肉出自原产地、正宗可靠的信号;在水果溯源直播中,我们经常可以看到农户拿着剪刀采摘柑橘、背着的竹筐盛满新鲜水果的场景,剪刀、竹筐等生产工具符号都象征着辛勤劳动,让人自然而然地产生"农产品是农民用汗水换来的"这种想法,也容易让消费者对售卖的产品生成正面评价。

在空间陈列方面,溯源直播走进工厂生产加工作业车间、农田采摘现场等现实场景,不添加修饰,让人一睹真实的产品生产过程。在田间地头的农产品采摘现场,一棵棵果树整齐排列、一串串水果挂在枝头,从镜头前向远处延伸,一望无际,寓示农产品产量充足,主播现摘现吃,向用户表明产品具有新鲜安全、无残留无污染等特点,从而打消消费者的顾虑;在工业生产线的溯源直播中,主播往往会展示自动化的生产设备、无菌化的生产车间,生产车间内灯光明亮、环境洁净,设备排列整齐而又充满工业气息,这些场景都体现了产品中所蕴含的先进科技,让消费者对产品品质更放心,为产品销售打开销路。例如,2020年7月,拼多多"百亿补贴"直播间正式启动"母婴产品溯源行动",通过直播的形式带领消费者"云探访"各大母婴品牌工厂,见证拼多多上售卖的纸尿裤、奶粉的生产全过程,增进用户对产品的了解与信任。

在商业互动氛围上,溯源直播的优势在于能够通过记录产品生产加工的真实过程,展现我国乡村质朴踏实的风土人情、劳动人民辛勤劳作的精神面貌以及手工艺人精益求精的工匠精神,诉诸情怀,唤起认同。2020年3月采茶旺季,浙江龙坞茶村举办了直播采摘龙井春茶活动,向网友展示了西湖龙井采摘、炒制的全过程,展示中国茶文化的博大精深,呈现当地茶农追求极致的职业态度与质朴勤劳的精神面貌,唤醒人们的乡土情怀与对传统文化的价值认同,并将其转化为对于茶叶产品的支持。与追求快速销售的电商直播不同,溯源直播减弱了直播间的逐利气息,营造出更加健康、正能量的情感氛围。

溯源场景下的直播丰富了产品内涵与价值承载,用"眼见为实"的方式,让产品与优良品质、传统文化、勤劳汗水等正面词汇相连,从情感上拉近售卖者与消费者的心理距离,提升人们的购买意愿。

二、情感消费:直播打赏与情感能量激发

所谓情感消费,指的是消费者基于某种情感动机产生消费行为,目的是为了满足自身的心理需求。这就意味着,主播通过情感劳动和情感产品,能够引起消费者的情感共鸣,并通过情感消费来彰显自己的个性、突出自己的身份、获得情感力量和精神价值。

美国社会学家阿莉·拉塞尔·霍赫希尔德(Arlie Russell Hochschild)是最早研究情感劳动的学者,她认为情感劳动是无形的情感体系中被明确模式化的一部分,并将情感劳动定义为"人们进行自我情感管理,压抑消极情绪或伪装积极情绪,以形成互动对象可以观察到的面部表情或身体语言,从而影响互动对象的情绪感受"[1]。

---

[1] 郭景萍.情感社会学:理论·历史·现实[M].上海:上海三联书店,2008:28.

在网络直播场景中，主播很多时候都是通过情感劳动来获得报酬的，他们付出并管理自己的情感，满足用户相应的情感需求，从而获得关注和打赏。在这一过程中，情感被市场化、商品化、商业化了。这种在网络直播中出现的情感消费现象，与当代社会的情感供需关系和文化建构方式密切相关。

（一）陪伴式的情感消费

在当代社会，人们对情感归属有较强诉求，从劳动生产和市场供给的角度看，网络主播通过情感劳动生产出情感产品，满足受众市场中不同类型的情感需求。网络主播为用户提供了拟真的情感陪伴，让用户获得情感能量和群体认同。

在网络直播平台上，有很多陪伴式的美食主播，他们每天的直播内容是自己做饭、吃饭的全过程。他们的食物往往很家常，吃饭的环境也比较日常，主播在吃饭过程中会不断和用户交流，描述食物的口感、味道，以及自己的生活近况和心情状态。在现代都市，一家人团聚吃饭的机会和场合越来越少，直播吃饭的主播为独居的受众提供了一个虚拟的"饭搭子"，缓解了用户的孤独感，满足了用户情感陪伴的需求。

自习直播也是近年来兴起的陪伴式直播，视频平台B站是国内自习直播较为聚集的平台，其直播区开设了特定的学习板块，涵盖日常自习、高考、考研、公务员考试、司法考试、托福雅思考试等各种主题的自习直播间，用户可以根据自习目的来选择。截至2022年3月1日，在B站以"自习"为关键词进行检索，发现名称带有关键词的主播有796个、相关直播间有211个。而以"学习"为关键词进行检索时，可以发现带有相关关键词的主播和直播间数量明显更多，都超过1000个。在这些直播间中，主播主要负责专心学习，不会与用户进行言语交流，但会通过字幕来为用户加油打气，或告知用户自己正在学习的内容。围观的用户则将主播视作"云同桌"，会在主播的陪伴、鼓励和督促下自主学习，也会在弹幕中交流学习心得。

除了人为的陪伴直播，也有关于动物、城市风景等非人为陪伴的慢直播。2020年开年，新冠肺炎疫情暴发。2020年1月23日起，国家先后启动了武汉火神山、雷神山两所专门救治医院的建设工作。中央广播电视总台在武汉火神山、雷神山医院施工现场架设直播端口,通过固定机位、无剪辑、无串场、原生态的慢直播形式,在"央视频"APP客户端的"疫情24小时"专题页面24小时滚动慢直播火神山、雷神山医院的施工进程。2020年1月27日,慢直播开播,仅仅两天,观看人数突破3000万。在火神山、雷神山两座医院短短十余天的建设时间里,"火神山、雷神山云监工"慢直播创造了多项视频直播纪录。截至2020年2月4日,"云监工"累计观看人次超过1亿,甚至在凌晨3点,还有2000万网友在看工地施工。

与此同时,很多动物也是直播平台上的网红,熊猫便是其中的代表。2013年8月6日,中国网络电视台(CNTV)与四川成都大熊猫繁育基地合作开设iPanda熊猫频道,以国宝大熊猫为主要载体,以大熊猫互动直播、点播、纪录片、图片等节目为主要内容,推出了全球唯一的大熊猫主题社区的网络频道。2016年1月,央视网熊猫频道全新改版上线,新版熊猫频道在原有的24小时直播大熊猫的基础上,逐步扩展到直播金丝猴、朱鹮等其他中国珍稀物种,以及长城、泰山、黄山、青海湖、乌镇、避暑山庄等中国最具代表性的世界自然遗产和人文景观。随后,直播间又推出了云南傣族泼水节、四川彝族火把节等事件性直播。截至2022年5月,iPanda熊猫频道在微博平台已有1153万名粉丝,发布的33019条微博已获得6232.3万次互动,在抖音平台收获了432.6万名粉丝,2337个短视频作品获赞8618.4万次。

曼纽尔·卡斯特(Manuel Castells)曾指出:"网络社会中的意义是围绕一种跨越时间与空间而自我维系的原初认同建构起来的,而这种原初认同,就是构造了他者的认同。"[1]陪伴式的直播场景便让用户在彼此认同的基础上构成了共同体,各个时空的用户因为共同的兴趣、爱好或者目聚集在一起,以情感联结相维系,并赋予彼此情感陪伴和精神力量。

(二)依恋式的情感消费

在参与式文化的视角下,直播的内容是主播和用户在即时互动中共同完成的,可见,用户在消费主播提供的情感产品时也在进行着情感劳动。而一旦用户过度重视与主播的情感联结的建立,便会形成痴迷和依恋。学者

---

[1] 卡斯特.认同的力量:第2版[M].曹荣湘,译.北京:社会科学文献出版社,2006:6.

朱莉·詹森(Joli Jenssen)将情感交往中的深度依恋行为定义为"迷",她认为,作为"迷"的粉丝会想尽办法与喜欢或崇拜的人接触来弥补自身的情感欠缺。①

在粉丝经济的驱动下,很多网红主播或明星偶像通过网络直播平台来进行"圈粉"和"固粉"。霍赫希尔德曾指出,个体可有意识地控制并在必要时诱发情感,通过情感整饰来进行情感演出。因此,网红和明星为了被粉丝持续地喜爱,必须付出情感劳动来满足粉丝对某种亲密情感关系的诉求。

在直播过程中,网红和明星会向粉丝分享自己的生活细节和大事小情,营造出彼此"亲密无间"的关系,同时,他们还会向粉丝展示自己的生活空间和工作空间,安排"room tour"(房间参观)、"workshop tour"(工作室参观)等直播活动,让粉丝得以"窥视"自己的私人空间,以便进一步拉近与粉丝的心理距离。此外,网红和明星还会向粉丝倾吐私人情感、展示真实或脆弱的一面,通过将私人空间、身体和情感进行最大限度地公开化处理,巩固和维护粉丝的关注度。通过这样的情感展示策略,粉丝往往会感到沉浸在网红和明星营造的情感氛围中,进一步形成痴迷和依恋,并为之付出情感和金钱。

需要指出的是,粉丝往往容易受到媒介影响,并产生对名人的非理性迷恋,甚至做出疯狂和病态的行为,近年来多次出现的"为了打赏卖汽车""拿父母的救命钱为主播刷礼物"等社会新闻,也反映出处于依恋中的人往往难以自觉,为了维持与主播的情感联结不惜自欺、欺骗他人和冒险。

2020年10月,年过六旬的黄阿姨在直播平台上结识了一个叫"东弟"的主播,后者自称是知名演员靳东。"东弟"会定期发布视频,还会直播卖化妆品,所有视频都用靳东的影像配音,内容常常是请求"姐姐给弟弟点个赞""欢迎姐姐购买弟弟的化妆品",并会邀请"姐姐来家里做客"。通过互动留言的方式,黄阿姨与"东弟"越走越近,"东弟"的每次直播她都会支持,前前后后为之花费了十几万元,黄阿姨还觉得两人彼此相爱,甚至准备前往长春与"东弟"结婚。黄阿姨被骗的故事,也显示出老年人缺乏媒介素养和情感寄托的现状,他们会对直播平台中与自己互动的"假明星"产生依恋,并形成

---

① 詹森.作为病态的粉都:定性的后果[M]//杨玲,译.陶东风.粉丝文化读本.北京:北京大学出版社,2009:128.

一种虚假的亲密关系,而主播则通过向老年人提供他们所需的尊重、关爱、亲昵,将情感劳动与经济利益捆绑在一起。

可见,在直播过程中,主播通过情感投入和情感劳动来满足用户的情感诉求,调动和巩固作为"消费者"的粉丝群体,使粉丝反过来投入为主播服务的情感劳动和经济支出之中。

三、身体消费:直播凝视与身体表演商品化

网络直播作为一种新兴的社交方式,具有视觉化、即时性、互动性的特点。在网络直播场景中,身体是网络主播的重要资本,他们调动身体符号,为用户制造视觉快感,并通过吸引流量、接受打赏等方式,将身体资本置换为经济收益。

一方面,网络直播中身体消费的出现和消费社会的发展密不可分。法国哲学家让·鲍德里亚(Jean Baudrillard)在《消费社会》一书中指出,消费成为社会生活和生产的主导动力和目标,事物的价值不再停留于满足生存必需,而是具有了符号和文化含义,而身体,尤其是女性的身体,是消费社会中最美的消费品。[①] 和传统社会相比,消费社会强调快感、欲望、差异、趣味,人们的身体变得更加自由,越来越少受到宗教和意识形态的控制,这为身体文化的流行提供了土壤。[②] 每个个体不仅消费他人的身体符号,还会主动将自己的身体进行符号化,身体成为自我消费的"作品"。在网络直播中,人们更加热衷于践行身体消费,对身体进行管理、改造、展演,将商品、服装、体验、表情和身体姿态变成对自己个性和生活样式的展示,从而获得他人的凝视。

另一方面,媒介技术的发展则为身体消费在网络直播中的盛行提供了技术动力。从历史角度来看,媒介技术的发展经历了从低视觉化到高视觉化的过程。在文字印刷时代,人们通过阅读文字来想象故事情节和画面,其视觉建构是模糊的;到了电子媒介时代,人的感官不断延伸,摄像机和电视机可以将更多影像呈现给观众,人们视觉建构的清晰度不断提升;进入互联网时代,各种新兴媒介形态的出现,让人们的视觉消费体验更加清晰、具体、

---

① 鲍德里亚.消费社会[M].刘成富,全志钢,译.南京:南京大学出版社,2000:120.
② 陶东风.消费文化语境中的身体研究热[J].当代文坛,2007(5):4-6.

多元。① 从文字、图片到影像,媒介建构视觉信息的清晰度和丰富度不断提高,传输的流畅度和即时性也不断增强,这样的变化,让身体的虚拟在场和传受者的双向互动成为可能,召唤更多人参与到身体图像的展示与消费中,从而让身体景观和身体消费成为媒介空间中的常态。

消费社会和视觉文化的发展,使得人们的身体逐渐被符号化、商品化,而媒介技术的兴起又让人们的身体实践能被更高效地编码、传播、呈现。几大驱动力共同促成了网络直播场景中的身体消费现象。

(一)展示性的身体消费

在追求视觉快感的视觉文化时代,人们对身体的审美化已经成为突出的社会文化思潮②,并逐渐演变成一种强调对初级过程的直接沉浸和非反思性的身体美学。③ 同时,随着消费社会的发展,有学者认为,美丽的、健康的、性感的身体是消费社会所需要的,审美日益成为重要的日常需求,身体的内在修行日渐被身体的外表展示所取代,当代的社会价值观也从之前强调对内心的控制转变为强调对身体外表的控制。④

在网络直播中,主播将身体行为编码为视觉符号,为受众提供可供消费的身体景观。主播们纷纷针对各自的目标群体,用商品化的身体吸引和维持粉丝关注。他们主动在直播中进行身体展示,并通过用户的围观、赞美、打赏获得心理满足和经济收益。为了博得围观者的欢心,主播们还会随时调整身体行为,以生产出迎合受众审美偏好的身体图像。可见,随着身体审美的日常化发展,人们越来越热衷于外表展示,这也助推了网络直播场景中以展示为目的的身体消费。

在网络直播平台上,女主播是进行审美化身体建构的主力军,男性观众是对她们的身体进行视觉消费的主要人群。在全景敞视的权力驱动下,女主播为了吸引更多观众的凝视,会不断对身体进行规训。

---

① 韩少卿.新媒介时代的身体景观与身体传播研究[D].郑州:郑州大学,2019.
② 陶东风.消费文化语境中的身体美学[J].马克思主义与现实,2010(2):27-34.
③ 费瑟斯通.消费文化与后现代主义[M].刘精明,译.南京:译林出版社,2000:32.
④ 林滨,邓琼云.消费意识形态视域中的身体消费审视与解读[J].东北大学学报(社会科学版),2019,21(4):337-343.

人们打开网络直播平台便能看到的是,绝大多数女主播都将自己的身体照片作为直播间的封面图,她们所选择的身体图像,往往在迎合男性的主流审美:肤白貌美、身材姣好、长发披肩、衣着光鲜。她们会对直播场景进行设计,灯光、角度、饰品、摆设都有着精心的设置和调整,同时,女主播们还会使用直播软件自带的美颜滤镜和特效,例如磨皮美白、放大眼睛、拉高瘦身、去皱、淡化黑眼圈、变更口红色号等功能,来让自己的五官看起来精致立体,让自己的外形看上去更美。

在直播过程中,主播在随时与观众互动,围观用户会对主播的身体评头论足,甚至会对主播的颜值进行打分。而主播则会向观众索要"飞机""火箭"等虚拟礼物作为打赏,打赏越多的观众所获得的"凝视"权力越高,越能够要求主播唱歌、跳舞、做表情,主播通过讨好和满足观众,将自己的身体表演变现为商品价值。

除了前台的身体展示,主播在后台也大多实行着严格的身体管理,他们重视穿衣、化妆、瘦身,还会有很多主播选择整容的"捷径"对身体进行包装,由此也诞生了标准化、同质化的"网红脸"。近年来,网红主播整容的新闻层出不穷:有主播集体组团整容,有网红因为整容不当而毁容,有网红直播整容而出现医疗事故,甚至还出现了专门针对主播群体的"整容贷"……可见,为了制造出符合围观者审美的身体景观,主播们不仅在粉饰自身的媒介形象,也在改造自身的物理身体。

主播们为了迎合受众审美而进行的身体规训,一方面让他们学会了运用妆容、服饰、肢体语言来优化自身形象,享受"被凝视"带来的积极反馈和自我满足,但另一方面,也让他们更加依赖通过奢侈品、整容、美容等消费话语来获得关注。渐渐地,"变美"成为网红主播永恒的自我规训和制度化义务,而不单纯是一种权利或享受。

(二)奇观化的身体消费

"奇观"的概念最早可追溯到由法国社会学家居伊·德波提出的景观社会理论,后经美国文化学者道格拉斯·凯尔纳(Douglas Kellner)拓展延伸,凯尔纳提出了一个更具有时代性与创新性的概念——媒体奇观。所谓"媒体奇观",指"那些能体现当代社会基本价值观、引导个人适应现代生活方式,并将当代社会中的冲突和解决方式戏剧化的媒体文化现象"①。可以说,"媒体奇观"是在媒介空间中出现的反常规现象,这样的现象不再是传统意义上的信息传播,而是新奇、夸张、荒诞、豪华和吸引眼球的,经过大量投资、研发、创作和试验后的媒体文化产品。

在《媒体奇观:当代美国社会文化透视》一书中,凯尔纳从诸多事例入手来分析媒体奇观的运作逻辑,包括以麦当劳为代表的快餐文化奇观,以乔丹为典型的体育文化奇观,以辛普森案为代表的司法奇观,等等。在他看来,媒体奇观是社会经济发展到一定阶段的产物,是技术、资本和信息联合作用的结果,当代人的日常生活中出现了越来越多奇观化的景观。

在网络直播场景中,奇观化运作逐渐成为人们吸引流量的常见方式,网络主播借助媒体技术来编排一系列反常视觉现象,呈现好玩好看、新奇刺激的身体狂欢,让身体消费具备了奇观化特征。

媒介技术的更新迭代让网络直播的制播门槛大幅降低,直播变得日常化、全民化、狂欢化。在网络直播平台上,不同性别、区域、职业、身份的主播纷纷进行着身体表演,除正常的歌唱、跳舞、曲艺、运动等活动外,直播平台上还诞生了一批奇观化的身体表演,主播们通过反常的身体实践来制造冲突化的视觉效果,从而吸引粉丝关注,让流量快速变现。

快手网红"搬砖小伟"是一名建筑工人,他以独特的工地健身视频爆红网络。他的视频以建筑工地为背景,他在视频中借助工地的脚手架表演抓杠、蹬杠、引体向上、原地倒立等动作,同时,他还会向观众直播工地生活和日常的搬砖工作。通过在反常的健身场景中展示体脂率不足8%的筋肉身材,"搬砖小伟"迅速走红,并曾多次被主流媒体报道,成为完成"底层逆袭"的网红主播代表。据了解,"搬砖小伟"通过发布短视频和接受直播打赏,每月收入可达4万元,但他也曾因为训练失误在三个月内骨折两次。可见,他一方面通过奇观化的身体劳动迎合了公众视觉消费的需求,但另一方面也为之付出了身体的代价。

常年从事极限高空运动的网红主播"极限咏宁",曾经活跃在快手、美拍以及火山小视频等多个视频平台,他以直播无保护措施的极限跑酷运动出

---

① 凯尔纳.媒体奇观:当代美国社会文化透视[M].史安斌,译.北京:清华大学出版社,2005:2.

名,在各个平台积累了数百万粉丝。他不断挑战攀爬信号塔、避雷针、摩天楼等高层建筑,在很短的时间内征服了国内多座城市的地标建筑,并在直播过程中表演单手悬挂、身体倾斜、高空跳跃等危险动作,用这些疯狂、刺激、令人心惊胆战的身体表演来吸引粉丝关注,并根据平台变现机制将点击量和点赞量变现。2017年11月,"极限咏宁"在长沙的一场高空挑战直播中不幸失手坠落,生命永远停留在了26岁。可见,直播平台掀起的极端展演还需要平台的监管与引导,以减少为盲目追求流量而造成的个人悲剧与社会负面影响。

如果说"搬砖小伟"和"极限咏宁"的走红,是以长期的身体训练和优越的身体素质为基础的,那么,在直播平台中,更多网红只是资质平平的普通人,他们纯粹通过夸张刺激的身体表演来吸引用户对自己的身体进行消费。

快手用户"吃货凤姐"以猎奇的吃播视频走红,吞灯泡、咬金鱼、啃仙人掌、吃烟头……她不断尝试吃人类食谱范围外的物品,打破用户的常规想象。在很多直播场景中,她还会在背景中摆上纸板,引导用户"双击+三连",用奇观化的身体劳动换取经济资本。

事实上,"吃货凤姐"只是众多吃播奇观中的一个缩影,在流量驱使下,各类视频平台上都流行过所谓的"吃货挑战",挑战的食物往往有着超出正常范围的量级和味道,100根辣条、2斤拉面、5种最难喝的饮料、生肉活鱼、成罐的糖果……主播们往往极力调动自己的身体,用夸张的动作和神态将食物填满口腔,并毫不避讳地打饱嗝、舔盘子、吮吸手指,有些主播还会用专业的录音设备收录吞咽声、咀嚼声等,制造一个反常而又仿真的吃播现场,给观众带来更多的心理冲击,并向观众索取礼物、打赏和点赞。

除上述奇观化的身体建构外,直播平台上还诞生了一大波跳鬼步舞、穿奇装异服、炸裤裆、跳冰河等身体表演,给观众带来了格外猎奇的视觉消费体验,并形成了一种奇异、激情、放纵的身体消费狂欢。

米哈伊尔·巴赫金(Bakhtin Michael)的狂欢理论认为,人们会在狂欢节上通过变装、戴面具等方式来暂时忘却自身的社会地位,"在狂欢中,所有人都是积极的参与者,所有人都在参与狂欢的演出,不分演员和群众"[①]。可

---

① 巴赫金.巴赫金全集:第六卷[M].钱中文,译.石家庄:河北教育出版社,1998:188.

见,网络直播场景为主播和受众提供了狂欢的场域,主播奋力释放着身体符号,进行着身体表演,用户则在视觉消费的过程中满足了自身猎奇和娱乐的心理需求,双方共同进行集体性、仪式化的狂欢。

第三节 网络直播场景的边界拓展与文化共创

直播产业在经历了前期的高速膨胀后,开始了细分与转型。一方面,网络直播内容正朝向更加垂直多元的方向发展,"直播+"的形态逐渐与不同行业融合碰撞,焕发新的生机;另一方面,网红主播不再集中于简单的商品售卖、情感输出或身体展演,而逐渐向优质的内容生产者转型,让用户在文化消费中获得审美体验、知识经验和更丰富的精神满足。新的电商业态、智识生产和文旅样态成为直播消费场景的未来可能。

一、"直播+"催生网红电商新业态

随着电商直播在各行各业的持续渗透,新的业态逐渐出现。一方面,原有的头部网红主播开始通过私域流量运营的方式来维持用户黏性;另一方面,主流媒体和官方力量也纷纷入场,培育并打造新的网红。

(一)私域电商激发社群能量

"公域"的概念可以回归到哈贝马斯对"公共领域"的定义,他认为公共领域就是私人聚在一起,对公共事务进行讨论并形成共识。[①] 从这一角度出发,"公域流量"更多指向互联网平台发展到一定规模后,被用户集体所共有的流量。在网络直播发展的上半场,直播平台都是对所有人开放的,在这些平台上所产生的流量便是公域流量。

私域流量是相对公域流量提出的概念,指商家或用户可以自由控制、随时触达并反复使用的自有流量空间,包括用户群、粉丝群、朋友圈等渠道。私域流量营销以客户关系管理为中心,充分挖掘并激活社群成员的价值,呈

---

① 张汝伦.哈贝马斯和帝国主义[J].读书,1999(9):34-42.

现强关系、高黏度、易迁移、圈层式和长尾传播的特质。① 随着互联网马太效应的凸显,公域流量的红利逐渐到顶,在私域空间中进行垂直社群的营销,成为电商直播发展的新机遇。

在这样的背景下,越来越多网红主播开始尝试通过私域流量进行营销变现,最常见的方式是在公域化的直播平台开展"一对多"的公域社交,然后将高黏度的用户吸收为社群会员,再利用私域流量进行商品售卖,实现变现的目的。

例如,网红主播李佳琦除了每天定时在淘宝直播中进行带货销售,还基于微信生态搭建了上百个李佳琦粉丝群。他的粉丝群由助理管理,每个助理都会添加约4000个微信好友,并负责日常的信息发布、直播预告、社群维护、福利抽奖、售后处理等工作。助理的每条朋友圈都经过精心构思,向用户更新关于李佳琦的最新动态和直播信息,拉近网红主播和用户之间的距离。这样精细化的私域流量运营,可以提高用户活跃度、增加用户黏度,最终提升用户的转化率和复购率。

有分析认为,在算法推荐无处不在的媒介环境中,用户的消费习惯已经从主动搜索转向被动推送,在私域电商的消费形态中,电商主播渗透进了消费者的私人信息流中,主播与用户的关系也从"买卖关系"变成了类似"朋友关系",电商主播因此更容易获得长期的经济回报。

(二)扶贫电商实现公益赋能

网络直播的全民化发展,也吸引了以主流媒体为代表的官方力量入场。在脱贫攻坚和乡村振兴的进程中,直播带货成为消费扶贫的一种重要方式,主流媒体则是这一电商形态的重要推动者。在此过程中,主流媒体凭借其公信力、影响力、传播力和引导力,激发扶贫电商直播的正能量效应。

首先,主流媒体以公信力担保扶贫产品质量。主流媒体之所以能通过直播带货的方式参与产业扶贫,依仗的就是自身强大的公信力背书。在确定直播带货的扶贫产品之前,主流媒体会根据产品的受益面、附加值、地域标签和物流仓储条件进行筛选,这样既能保障消费者的权益和体验,也是对

---

① 赵哲超,郝静.私域流量在环境传播预警系统内的"自我呈现"[J].新闻与写作,2019(11):95-98.

自身公信力的巩固。

其次,主流媒体以影响力激发行动能量。随着媒体深度融合进程的加速,越来越多的主流媒体开始建设自主可控的新型传播平台,并不断开发平台功能、扩大平台影响力。正是基于这样的自主平台,传统的主流媒体主持人也转型为公益直播带货的网红,将自身的公众影响力不断延伸。

再次,主流媒体以传播力创造经济效益。在电商扶贫工作中,主流媒体创造出了一种良性循环的平台经济。起初,主流媒体通过公益行动和直播带货,将市场红利引入贫困地区,帮助当地发展经济;接下来,随着社会对媒体认可度的增加,主流媒体在招商引资方面获得了更大的主动权,有助于媒体的市场盈利;随后,主流媒体可以利用获得的利润进行扩大再生产,并分配利润继续用于扶贫公益事业,以经济效益反哺社会效益,形成可持续的利益链条。[1]

最后,主流媒体以引导力带动共识凝聚。在扶贫电商直播过程中,主流媒体在直播的视听语言中融入了大量国家、地理和民俗符号,通过仪式化的信息传播进行主流价值观引导,呼吁用户重视并参与扶贫行动,让用户增强爱国情怀和公益意愿,形成更强的情感联系和价值共识。

二、圈层化助推文化认知与生产

从媒介变迁的历史来看,原创媒介理论家马歇尔·麦克卢汉将人类社会定义为"部落化—非部落化—重新部落化"的过程。在直播平台诞生初期,用户往往以"网络游民"形态游走于各个直播间,但他们身上标记的文化特性并未消失,随着网络直播市场逐渐下沉到越来越多的个体用户,他们便会自发地在不同圈层中凝聚为新的"部落"。这样的"再部落化"必然让网络直播向着更加分化和多元的方向发展,直播消费的场景边界也在不断拓宽。

网络直播的场景传播在带来新的场景动能的同时,还不断赋能文化生产,推动社会各界共同参与文化共创。随着网络直播参与主体与文化内涵的丰富,以知识直播和文旅直播为代表的文化生产型直播得以迅速发展,它们既彰显出信息时代知识本身所具备的丰富价值,也通过圈层传播极大地

---

[1] 赵淑萍,田香凝.主流媒体精准扶贫的共同体建构:逻辑、路径与动力[J].当代传播,2021(1):49-52.

助推了知识生产与社会文化的广泛传播。当文学与阅读还是少数人的狂欢、非物质文化遗产还是少数地方的瑰宝时,网络直播正以其自身强大的场景动能,重塑着社会各界对于知识学习和多元文化的认知。

(一)知识直播拓宽知识生产维度

在当今的知识供给端,随着社会分工的不断细化,越来越多的人开始学习并掌握新的技能,从而成为不同领域的"专家",他们开始主动将自己的经验和技能投入到开放自由的市场交易体系中,以知识获取经济收益。[①] 而在知识消费端,人们在冗余的信息流中,对高质量信息资源的需求日益强烈,希望能获取有价值的知识。在供给者的变现意愿和需求者的知识渴望的共同推动下,知识共享逐渐从免费时代进入付费时代,人们通过知识消费满足个性化信息需求,驱动着知识直播的诞生。

知识直播的诞生是多方共同努力的结果,在网络直播的知识生产空间中,"精英与大众""主播与用户"这两对主体之间的关系也发生了演变。媒介技术赋权下新传播格局的出现,打破了传统的单向传播模式,学者、知识精英身上的知识权威开始瓦解,他们与普通大众之间的身份边界变得日益模糊,一种新的"去中心化"的话语格局得以形成。与此同时,网络直播在虚拟的社交场景中又重新建构了一种"主播"与"用户"之间的关系,身处"舞台"中央的学者、知识精英在话语关系中占据优势地位,他们利用自身丰富的知识赢得了普罗大众的认可,在"再中心化"的传播格局中占据了知识直播的制高点,也重塑了社会大众对于知识精英的形象认知,让大众开始重新思考自我与知识之间的关系。

正如霍顿和沃尔(Horton & Wohl)所提出的"准社会交往理论",受众在持续观看大众媒介时会发展出一种与媒介人物的想象相符的人际交往关系和社交行为,但这一行为与真实的社会交往存在差异,因此被称为"准社会交往"。[②] 在知识直播的过程中,社会大众既有对知识精英们固有的"优

[①] 邹伯涵,罗浩.知识付费:以开放、共享、付费为核心的知识传播模式[J].新媒体研究,2017,3(11):110-112,132.

[②] HORTON D,WOHL R R.Mass communication and para-social interaction[J].Psychiatry-interpersonal and biological processes,1956,19(3):215-229.

秀、专业"的权威认同,亦有对其"权威瓦解"后更加立体化的形象认知,还有对其个人在情感层面的认同。观众在观看直播的过程中可以依据自身的媒介想象,自由选择点赞、评论或打赏等方式与这些知识精英进行认知与情感层面的联系,随时建立"准社会关系"。网络直播中的"准社会关系"进一步推动了"全民学习"热潮的出现,让知识生产走进全民共创时代,其典型代表主要体现在日益繁荣的教育直播和出版直播两个方面。

教育直播将传统的知识生产与传播过程引领到了新的开放交互的维度。一方面,教育直播拓展了传统教育中"老师"和"学生"的身份角色,在直播场景中,"老师"的角色不再有那么明显的职业界定,任何在某领域内获得认可的"意见领袖"都可以在网络直播中成为"老师",公众在直播场景中拥有了各自新的身份形象,建构了新的"准社会关系"。另一方面,从知识生产的角度看,传统的教育往往是"传道授业"的单向传播,而教育直播的出现,则让传统中"教"与"学"的关系进一步向着"教学相长"的方向发展。在教育直播中,师生之间有了更加平等的沟通渠道,他们在激烈的思想碰撞中,激发出新的知识内容。知乎 live 是国内最早的具有教育直播属性的产品之一,在这一平台,任何对某一领域或话题有独到想法的答主都可以创建一个 live,用户点击并支付相应票价后,进入 live 直播中,答主会在直播群中表达想法,并和其他用户进行问答沟通。例如,日本著名建筑师、东京奥运会场馆设计者隈研吾便曾做客知乎 live,与平台用户交流自己对建筑设计的理解,并为用户答疑解惑。

对于出版行业的直播来说,网络主播中的圈层传播首先便是推动了编辑、作者等传统形象的祛魅化。传统媒体时代,编辑、记者的形象对于广大读者来说,只能是"想象的存在",而网络直播将这些以"文字见长"的职业群体推到了电子屏幕的最前端,真实还原了这类群体的职业特征与工作日常,为读者与其建立"准社会关系"奠定了基础。此外,网络直播巩固了知名学者与读者之间的情感联结,直播中的双向互动填补了纸质媒体时代的疏离感。在准社会交往中,电视是一种大众化的精神交往,直播亦是如此,直播搭建编辑、作者与读者互动沟通的桥梁。网络直播平台还具有天然的"情感联动"能力,它在人与内容关系的基础上,构建人与人的情感交往关系。① 读者可以随时与作者沟通自己的阅读体验,一些读者的建议也成为连载作品中的重要观点,直接影响到出版作品本身的内容。从长远来看,出版直播还提升了出版社自身的文化品牌影响力,一些作者和出版社纷纷通过网络直播打造个人IP,在走向网红的道路上为自己的出版品牌进行宣传。例如,磨铁文化的知名图书主播栗子,主推青春文学类图书,她在开播的一年时间里,就在抖音平台收获了超过150万名粉丝,并成为出版业十大网红主播。她的成功,让磨铁得到了更多人的认可。凭借绝佳的形象气质和对书的精准把握,栗子成为打造出版文化品牌影响力的功臣,推动了"全民阅读"时代的知识生产。

(二)文旅直播创造多元文化价值

网络直播中的场景动能,不仅助推了知识生产,还让越来越多的文旅样态走到了镜头之前,成为网络直播界新的"宠儿"。在文旅直播中,来自地方的网红主播,将镜头对准家乡的美食、美景等,充分展示今日中国乡村的日常生活,唤醒观众心中尘封已久的"乡土情怀",获得了许多观众的认可。同时,文旅直播的蓬勃发展与脱贫攻坚和乡村振兴战略的实施密切相关,在政策加持之下,越来越多的乡村地区通过文旅直播的方式摆脱贫困,走上致富之路。随着区域文旅"云端模式"的开启,多元空间得到有效连接,文旅直播进一步拥有了人格化、场景化和故事性的呈现,不仅使网民足不出户就能拓宽活动界域,还促进了区域文化、商业资源和新媒体技术的融合互动。

对于很多乡村地区来说,文旅直播的诞生不仅带来了丰富的经济效益,更重要的是,它还促进了多元文化内容的生产与传播,尤其是对传统文化与乡村文化的保护与宣传起到了举足轻重的作用。对于地方文化来说,网络直播给予其进行自我展演的空间,也让更多的乡土文化通过直播的方式被更多的人看到,地方形象通过网络直播的方式得到了极大展示。此外,越来越多的地方传统文化开始凭借直播的方式在新媒体平台得到传承,并积极实现自我变革,从现代艺术中汲取新的生命力,造就广受欢迎的新兴作品。

---

① 冯小宁,宋成."冰与火之歌":直播时代的知识新形态与出版新业态[J].出版发行研究,2019(10):15-19,14.

建构主义认为,形象存在双重含义:一是客观存在的形态;二是基于客观存在而产生的主观认知和想象,以及在这个过程中的媒介表征过程。① 网络直播充分发挥自身优势,在推进乡土文化生产和传播的过程中,积极推动地方形象的客观真实、主观真实与媒介真实的立体化呈现,为多元文化的生产提供了条件。当今社会的文化认知与生产离不开对"现代与传统""乡村与城市"这两组对立关系的处理,而这其中,最主要的问题就是消除大众对"传统文化"和"乡村文化"的误读。消解大众对于"传统文化无用论"和"乡村地区脏乱差"的刻板印象,需要网络直播充分发挥自身的形象建构功能,向公众展示传统文化的独特魅力,营造一个更加山明水秀的乡村社会生态,这既是对中华传统文化功能价值的肯定,也是对我国深厚乡土文化的重新演绎。近年来,围绕着对"传统文化"和"乡村文化"的认知与传播,"非遗直播"与一系列乡村直播正在逐渐成为网络直播的新热潮,在"村红"的直播推广之下,文旅直播通过多感官沉浸式体验、多视角参与式观察等方式助推多元文化价值共创。

对于非遗传播而言,网络直播可以赋能非物质文化资源,让其更好地发挥经济价值和文化价值。非物质文化遗产是人类口传心授、世代赓续的活态文化,包括各种实践、表演、表现形式、知识体系和技能及与其相关的工具、实物、工艺品等。在过去,受到技术条件和空间地域的限制,以言传身教为主要传承方式的非遗文化很难获得广泛传播,而网络直播平台的发展则为非遗文化的传播与传承提供了民间路径。2022年6月11日,抖音发布了《抖音非遗数据报告》,报告显示,抖音对1557个国家级非遗项目的覆盖率达99.74%,相关视频播放总数为3726亿次,获赞总数为94亿次,过去一年,平台上老字号品牌销量同比增长617%,平台上获得收入的非遗传承人数量同比增长34%。这组数据表明,网络直播场景已经成为非遗文化传播和意义再生产的重要空间。

一方面,网络直播场景的拓展有助于实现非遗文化的代际传播。当前,年轻群体与老年群体之间的文化鸿沟不仅体现为认知差异和媒介素养差异,更意味着两类人群对于现代文化和传统文化截然不同的内容消费偏好。

---

① 姜可雨.建构主义视域下"国家形象"的概念辨析[J].湖北社会科学,2016(5):27-34.

在网络直播场景中,非遗匠人通过个性化的展演、戏剧化的表达、日常化的叙事话语,缩短了传统文化与青年群体间的距离,他们在与用户的互动中传递和展现非遗的历史故事、文化属性、经典技艺,突破了人们过去对于非遗文化保守老旧的刻板印象,打通了跨代际的传播渠道。例如,老字号品牌内联升的第五代传人、非遗传承人任晨阳在第一次直播中展示了千层底布鞋的制作技艺,并发布了与《国家宝藏》节目的联名婚鞋。这一非遗文化类直播获得网友的关注,收获 1.66 万次点赞。

另一方面,非遗文化的触网上云也激发出跨界传播的潜力,助推着非遗文化的创新性发展。在直播场景中,非遗匠人开始尝试使用创意元素对非遗文化进行包装,将其转化为兼具传统意蕴和现代时尚的文化样态。例如,国家级口技非遗传承人方浩然将表演舞台搬进了直播间,在直播过程中,他在向观众表演传统口技的同时,也展示了只靠一张嘴还原《速度与激情》《变形金刚》等好莱坞大片中的复杂音效的绝活儿。可见,不同的文化符号可以在直播平台中实现碰撞与融合,在带来冲击力的同时,也产生了巨大的文化张力。

乡村直播既是脱贫攻坚与乡村振兴战略激励下的产物,也是网络直播中市场和用户下沉后的必然产物。乡村直播在原生态的乡村场景中还原了乡村本真的生活状态,将传统的民俗风情、人文生态都呈现在社会大众的面前,描摹了一幅丰富多元的中华大地的文化图景。

一方面,就乡村文化的呈现与建构而言,网络直播无疑是最具交互性和临场感的媒介呈现方式,网红主播在传统乡村的生活场景中展现了种植庄稼、饲养牲畜等诸多乡村文化元素,传统乡村的生活方式与生活节奏也得到了充分展示,引发了不少当代城市居民对乡村的憧憬与遐想。

另一方面,传统乡村社会中以血缘为纽带的交往文化在直播间的虚拟互动重塑着"熟人"的交往模式,直播间用户的 ID 代表了他们在新场域的身份,共同的文化基因使他们的线上互动呈现传统交往的特点,乡村文化由此在网络空间延展。[①] 例如,安徽六安重点包装、培养出千万级粉丝量的乡村网红"潘姥姥",她在直播中展现了大别山区最真实的乡村生活,溪流边、院

[①] 郭婉君,于春生.场景理论视域中乡村直播的价值与忧思[J].电视研究,2019(12):38-40.

子里、荷塘中,都充满着农家生活的朴实和真味,直播团队的专业度和镜头语言的丰富度更进一步提高了直播的临场感与审美性。截至2023年5月,"潘姥姥"的抖音账号粉丝数已达到3347.3万人,共获赞3.6亿次,为安徽六安的乡村文化传播立下了汗马功劳。可以说,乡村直播赋予了乡村更多的话语权力,大众能够通过乡村直播看到更多以往难以观察到的"中国元素";与此同时,部分优秀的乡村直播也拓宽了外界了解中国的视野,甚至从展现乡村文化与生活的乡村直播走向国际,成为中国文化的一张"名片"。

网络直播的高度普及,为人类开启新的数字化生存模式创造了条件。个体用户可以跨时空、跨阶层、跨年龄、跨性别地连接起来,成为一个个趣缘群体,并通过即时同步的反馈互动,将远程的物理空间压缩为共同的"在场"参与场景,购物、营销、社交、娱乐、教育、旅行等各种生活与生产活动都可以在网络直播场景中得以实现。这也意味着,直播场景的开放、多元和交互性,正成为社会经济发展与文化认知生产的重要动能。

在网络直播发展前期,直播场景中的消费形态往往是较为原始和本能的利益交换。主播通过商品售卖、情感连接与身体展演积累了人际资本,并将其转化为经济资本,而经济资本又促动主播继续进行数字劳动,实现了人际、情感与利益的循环交换。随着直播行业的细分与转型,网络直播的场景边界在不断延伸,主播逐渐向优质内容提供者转型,用户则在与主播的社交互动中获得更丰富的精神文化体验,双方共同创造着多元的文化价值,进一步拓展了直播场景的想象空间。

第六章 场景生态：
网络直播的情境共享与升维互动

从 Web1.0 到 Web2.0 再到移动互联网，互联网技术的迭代发展影响着人们的媒介使用方式，也引发了社会的多维变革。从 2016 年"直播元年"发展至今，网络直播走过了初期的野蛮生长阶段，面临着技术升级与场景升维的问题。随着 5G 通信、人工智能、区块链以及虚拟现实等前沿技术组合落地，网络直播显现出建构"元宇宙"、建立全新连接关系和变革社会生活方式的可能。

从生态运转角度来看，网络直播正在成为一种新型生活方式，不断加深用户的沉浸式参与程度，提升从内容生产到分发的全流程服务品质。在技术演进的过程中，网络直播已然脱离新生状态，在数字基建与虚拟现实技术的双重推进下，重塑时空流动关系，拓展传播场景范围与感知维度。未来，面对虚拟与现实、真身与化身的传播升维可能，我们有理由相信，人与人、人与媒介以及社会的交往形态都将发生巨大的变化，元宇宙时代的网络直播图景将成为一个值得大家不断思辨与畅想的话题。

第一节 生态运转：价值共创、沉浸参与和智慧服务

网络直播建构的新媒体场景带来新的连接方式和体验价值，正在重构社会的运行逻辑和价值结构。网络直播融合了物理空间、虚拟空间和人们的心理空间，生成了融合媒介场景和时空场景的新场景形态。用户将在新的场景中，以界面化的形象参与沉浸体验、感受智慧服务，实现多主体的价值共创。

一、内容生态：媒介化生活空间

如今，设备终端无处不在，电脑、手机、可穿戴设备以及无处不在的监控摄像头，渗透在人们的工作、购物、娱乐等方方面面。"泛在计算之父"美国科学家马克·威瑟（Mark Weiser）曾设想，所有智能终端都被嵌入场景，隐藏在日常生活之中，他的设想如今已逐步实现。人们使用媒介，媒介也实时记录着人们的生活，随时随地为人们提供服务，人类社会正在进入数字化生存和媒介化生活的新形态。

网络直播作为社交场域的媒介平台，正在形塑一种全新的生活方式。网络直播平台的"云上招聘会""云旅游""云上自习室""云上博物馆"等"云活动"将物理空间的现实生活与虚拟世界相融合，打造全新的网络空间生活场景。2020年5月，新冠疫情期间，人民日报新媒体联合教育部共同搭建了"大学生就业云招聘平台"，打造了"直播＋数字会展＋就业"的成功范例。2021年4月，第129届"广交会"继续推出云上直播，并在全球范围内开展"云推介、云邀约、云签约"。2022年"两会"期间，中央广播电视总台推出首位超仿真主播"AI王冠"，真人王冠与AI主播王冠同屏主持《"冠"察两会》，以虚拟形象实现"云报道"。

未来，在网络直播所创造的共时空间中，场景内容将不再拘泥于对现有生活和工作的呈现，而是将虚拟世界与现实世界无缝对接，创造超越平台媒介的虚实共生内容，打造媒介化的生存空间。具体而言，基于通信技术、移动传感技术、人工智能、虚拟现实等新科技，网络直播将进一步打破人与人、物与物、空间与空间的边界，极大丰富网络直播场景内容，建构全方位的场景系统，并实现全新形态的场景价值转化。

在内容形态方面，网络直播将拓展空间边界，形成虚实共生的场景体验空间。在网络直播中，虚拟世界是现实世界的一部分，现实世界也是虚拟世界的一部分。网络直播作为社交场域，超越空间界限，实现人与人、人与物的跨空间实时传播。人们的社交、旅游、购物、工作等场景，将基于网络直播平台，通过虚拟现实、增强现实、人工智能等技术，实现线下与线上、实体场景与虚拟场景的融合。以文旅直播为例，网络直播将文化旅游从实景区域旅游延伸到虚拟仿真旅游体验，拓展多维度网络直播空间，打破传统时空边界。一方面,网络直播将传统优秀经典文化再现于虚拟空间中,形成从线下到线上的全面空间拓展,增强场景空间体验。例如,在网络直播平台打造"清明上河图"虚拟游览空间,用户可以将自身虚拟形象置于"清明上河图"的仿真空间场景中,感受虚拟和现实的融合,感受穿越时空的文化体验。另一方面,网络直播进一步打破空间界限、拓展空间资源,探索普通用户在物理空间中难以企及的空间场景,如太空体验场景、空间站场景、月球场景、木星场景等全新的场景空间维度。同时,直播建构生动的虚拟用户形象,打造融合探险、角色参与等多元素的未来时光沉浸式直播场景。此外,在多视角、多渠道的空间呈现让用户可根据自身需求通过网络直播平台链接各类空间场景,随时切换空间体验场景,实现多视角媒介生活体验。

在系统建构方面,直播正在整合多元终端,打造融合系统。当智能媒介终端完全融入日常生活,人们的日常生活将以数据的形态演化成一场实时直播活动并融入大数据系统中。中国人民大学学者李沁曾提出:"人生是一场泛在的直播,每个人都是虚拟主持人。"[1]网络直播是一种沉浸式的社交场域,人们在直播中将自身数字化,并形成以数据为中心的媒介场景系统。具体而言,网络直播的系统建构将主要从内容、平台、产品等维度展开。场景内容体系化发展,通过以点带面的方式,实现多层次直播内容的打造。直播场景将强化独特性和细分化,以网络直播的社群传播效力,将优质的直播场景与人们的日常工作、生活、社会服务,以及城市形象建设、经济发展等现实需求相契合,为用户生活和社会发展提供全方位的服务,并逐步形成网络直播场景内容体系,覆盖人们生活的各个场景。场景平台连接的系统化,将终端设备与日常生活设备相连接,形成"无处不在、无时不在"的沉浸媒介。

正如戴维·冈特利特(David Gauntlett)在《网络研究:数字化时代媒介研究的重新定向》中所设想的那样,网络会"消失"在各种各样的设备中,它将与其他家用电器、墙、汽车、衣服及很多日常用品连接,这意味着网络在日常生活中将更加无处不在。[2] 美国科学家威瑟提出"泛在时代",即计算机嵌入环境或日常用品,智能终端遍布四周却无迹可寻。他认为越是看不见的

---

[1] 李沁.媒介化生存:沉浸传播的理论与实践[M].北京:中国人民大学出版社,2019:257.
[2] 冈特利特.网络研究:数字化时代媒介研究的重新定向[M].彭兰,等译.北京:新华出版社,2004:348.

技术越深刻,因为它完全融入日常生活,就像水和空气似的不可见地为我们服务。依照学者们的描述,未来媒介与网络将"消失",人与媒介的界限也会消失,呈现万物皆媒、人与媒介融合的景象。网络直播的场景平台也如同那些"消失"的网络与终端,完全融入人们的日常生活和工作设备中,形成场景平台连接系统。不同的直播场景根据用户体验需求随时切换,形成多平台联动的传播模式、消费模式、体验模式。届时,人们的生活也将转化为一场实时直播,这既是日常生活的展演,也是基于数据算法的实时直播状态。此外,直播场景产品的系列化,直播将进一步促进场景融合,形成多样态的直播场景产品。网络直播将多类型时空场景连接,运用短链优势,极大缩短场景产品的供应链与价值链,打造不同场景的直播系列体验产品,形成新型网络直播场景产业链。

在价值转化方面,网络直播将进一步推动短链式、扁平化的场景价值转化。学者李沁在《媒介化生存:沉浸传播的理论与实践》一书的序言中写道:"科技的力量、创新的力量和想象的力量汇集成传播的力量。而传播的力量只有通过产业化的途径才能真正造福于人类。"[1]网络直播产业的重要优势在于能够直接连接消费者与生产者,极大缩短产品的供应链、价值链,有效提高价值转化效率。首先,是场景的体验价值转化。网络直播平台的场景体验不仅包含直播形塑的工作、学习、生活和娱乐等各类场景,更包含用户在网络虚拟社群中的圈层体验。用户在网络直播平台,基于趣缘连接形成了网络直播社群。此类社群中,用户与用户之间、主播与用户之间建立的趣缘连接成为网络社群价值转化的基础。在网络直播社群中,用户或通过虚拟货币,或通过商品链接,实现场景内产品的价值转化。其次,是场景数据的价值转化。如上文所述,当媒介终端与人们的日常生活设备连接,人们的日常生活进行数据转化,日常生活就将成为一场泛在的直播。网络直播中的场景内容和用户行为转化为数据,并以数据形式存在于网络大数据中,也以数据形式实现场景价值转化。

二、用户生态:界面化沉浸参与

网络直播的界面化连接打破了时空界限。用户在网络直播平台通过

---

[1] 李沁.媒介化生存:沉浸传播的理论与实践[M].北京:中国人民大学出版社,2019:2.

"界面"实时互动、交流信息,也将日常生活场景以界面的形式呈现。网络直播生成的"界面",是戈夫曼拟剧理论的"中区"在网络平台的表现形态,这个界面实现了物理空间、用户心理空间以及虚拟空间的融合。

未来,科技将带领人们从网络直播的虚拟界面到达沉浸式的多维空间场景。虚拟现实、增强现实、人工智能等技术将进一步推进人类沉浸感体验的加强。"沉浸"的体验,狭义上是指通过虚拟现实技术达到的忘我境界;广义上是指人、媒介、环境的彻底融合,达到无时不在、无处不在、无所不能的状态。① 此类带来沉浸式体验的媒介科技,一是能不断产出让人产生沉浸式感受的技术形式,如 VR、AR、MR、AI,以及借助泛在连接和大数据、云计算而实现的 VR 直播、VR+新闻等。二是由于沉浸技术而产生的信息形态变革和相应的无限发展的技术可能,使媒介完全嵌入人类自身的生存环境,人类对"沉浸"的感觉和认知将不断淡化,媒介即生存。沉浸传播是以人为中心、以连接所有媒介形态的人类大环境为媒介而实现的无时不在、无处不在、无所不能的传播。② 沉浸传播所需要达到的媒介整合形态是一切皆为媒介,到处是数据终端,数据的收集、发送与反馈永远即时进行。

在我国,沉浸技术将迎来飞速发展,其场景应用日趋广泛。2021 年 12 月 27 日发布的《"十四五"国家信息化规划》指出,未来,5G 渗透率将大幅提升,VR 技术被纳入 5G 创新应用工程。VR 与 5G 的融合创新应用将不断提升 VR 的体验感、丰富 VR 的应用场景与内容生态。VR 行业发展经历了四个阶段③。第一阶段是虚拟现实技术概念的成形时期。1965 年的论文《终极显示》(Ultimate Display)提出以人机交互体验获得一种感知真实的理论,这被视为虚拟现实技术的雏形。第二阶段,20 世纪 60 年代后期,美国在 SIMNET 计划中尝试利用虚拟现实技术帮助飞行员模拟训练。第三阶段,到了 20 世纪 90 年代,VR 技术从国防领域转而进入游戏内容生产领域。日本游戏公司 Sega 和任天堂合作,推出 Sega VR-1 和 Virtual Boy 等 VR 游戏。第四阶段,到了 21 世纪初,VR 从游戏领域向影视内容领域迈进,中国

---

① 李沁.媒介化生存:沉浸传播的理论与实践[M].北京:中国人民大学出版社,2019:7-14.
② 李沁.沉浸传播:第三媒介时代的传播范式[M].北京:清华大学出版社,2013:43.
③ 艾瑞咨询.2016 中国虚拟现实(VR)行业研究报告[EB/OL].(2016-03-11)[2023-05-29].https://mp.weixin.qq.com/s/6LvWnBuy-8zC2GqTvocKhQ.

国内VR技术的场景应用日趋广泛。2021年,全国"两会"采用5G+VR高清直播;2021年央视春晚中,依托5G技术,春晚会场实时直播2021年总台春晚;2022年北京冬奥会,中央广播电视总台推出"VR看冬奥";2023年,江苏卫视跨年演唱会推出VR直播通道,呈现亚洲顶级跨年大秀;同时抖音、快手、视频号等头部内容流量平台也相继开启VR直播。

网络直播平台的用户将实现从界面化的形式参与,到沉浸式的真实体验。其一,网络直播将逐步实现以人工智能与VR、AR、MR技术相结合,形成超强的互动感、沉浸感、真实感,具备全方位感官体验。2023年全国"两会"期间,津云新媒体集团、千龙网、长城新媒体集团策划推出《云瞰京津冀》系列访谈节目,运用"5G+MR+AR"技术,打造出一座"协同号"虚拟空间站,三地多位代表委员、专家学者身处异地也能齐聚"协同号",共同云瞰京津冀协同发展的丰硕成果,形成360°全景体验模式。[1] 其二,打造用户界面化形象,使用户沉浸式参与场景互动。2022年全国"两会"期间,新华社运用虚拟空间、XR等技术,打破时空限制,让主持人"来到"浩瀚宇宙的中国空间站,与在太空履职的代表王亚平异地同屏,展开一场跨越时空的对话。[2] 用户将以生动的虚拟形象畅游于网络直播营造的虚拟共时空间,以界面的形态打破时空界限。其三,在超高清直播场景中,观众可以自由切换视角,以用户为中心的场景体验模式增强了用户真实感、互动感、沉浸式体验感。

三、服务生态:全程服务体验化

5G通信、人工智能、大数据、传感器等科技将持续赋能网络直播。人工智能大数据分析系统,从直播内容、分发渠道、产品服务等多维度助力实现网络直播服务闭环,建立智能化的网络直播服务系统,全面提升直播产业的服务水平,强化用户体验感,提升品牌美誉度,实现消费拓展,建立文化认同。与此同时,建构以人为中心的服务价值体系,以社会价值观引领智能技

---

[1] 中国记协网.云瞰京津冀①|疏解提升新效能[EB/OL].(2023-03-15)[2023-08-09].http://www.zgjx.cn/2023-03/15/c_1310702799.html.
[2] 新华社新媒体.从"同屏"到"跨屏"再到"融屏",新华社"代表履职"报道再刷屏[EB/OL].(2022-03-09)[2023-08-09]. https://baijiahao.baidu.com/s?id=1726828242572924330&wfr=spider&for=pc.

术发展。具体来看,新技术对网络直播服务的赋能主要体现在直播内容、渠道分发和全流程服务三个层面。

在直播内容服务方面,强化定制化网络直播服务。建立连通内外的网络直播用户数据体系,形成定制化的用户服务体系,提供精准的用户服务。首先,结合遥感卫星、传感器,以及用户自主生成的内容,包括评论、点赞、浏览记录、游记、图片等,实现用户行为分析和完成用户精准画像;其次,根据群体用户行为形成大数据分析系统,建立网络直播的大数据智库大脑;最后,根据用户画像和群体行为分析,将用户个性化画像和网络宏观数据相结合,实现个性化、场景化的定制网络直播体验,推动精细化、智能化直播。

在渠道分发服务方面,制定精准化网络直播营销策略。通过大数据与用户精准画像,在网络直播产品的不同发展阶段,制定精准化的网络直播营销策略,实现直播产品精准投放、监测投放效果、反馈产业数据和直播舆情数据。精准网络直播营销包括文旅活动主题形象定位、优化网络舆情、定位潜在兴趣客户等,根据用户需求及偏好特征,制定不同渠道的精准营销策略。

在全流程服务升级方面,提升智能化直播服务效果。首先,建立基于大数据和人工智能的网络直播内容及直播舆情监测系统,及时呈现网络直播产品和服务的评价反馈。网络直播评价及舆情监测系统基于大数据和人工智能技术,针对媒体舆情、用户口碑舆情进行全方位监控和数据收集。通过人工智能的文本挖掘、情感分析,实现口碑舆情诊断、口碑舆情预警、定期舆情报告以及服务提升建议的提出,健全网络直播服务反馈系统,优化直播场景服务。其次,基于口碑舆情监测系统、评价系统及外部数据系统,定期综合考评服务水平,为提升网络直播服务提供科学建议。以优质的网络直播全流程场景服务,为用户提供良好的直播体验和场景体验,从而获得用户对品牌文化的认同,完善网络直播产业链,让网络直播通过产业的力量造福人类社会。

第二节　场景再造：界限消弭、扩展现实与连接升维

技术升级是推动传播场景建构的重要力量。在以往媒介技术的发展历程中，人们对传播的需求从高延时、远距离交流持续向低延时、近距离互动转变，网络直播通过消弭传播界限、升维人与人之间的连接关系，对传播场景进行再造。基于数字信息基础设施建设的深入推进，网络直播嵌入移动终端，缩小传播的时空距离，减少交流阻隔，同步平等的交流需求不断得到满足；基于扩展现实技术与设备的升级迭代，越来越多的身体感官机能在直播场景中被激活，人与机器、人与场景的交融不断深化。展望未来，当直播迈入"元宇宙"时代，传播场景将迎来升维，直播社交、直播学习等或许将成为每个人的生活新常态。

一、数字基建：界限模糊化

数字信息是新型基础设施的核心内容，能够为经济社会的数字化转型提供创新驱动，也是推动网络直播发展的"基座"。2022年《政府工作报告》明确提出，要"建设数字信息基础设施，逐步构建全国一体化大数据中心体系，推进5G规模化应用，促进产业数字化转型"[①]。数字基建与5G、区块链等新型信息技术紧密相连，不断加速数字世界与物理世界的交融，消弭传播过程中物理与心理的双重界限，赋能网络直播的场景建构。

(一)5G技术重塑网络直播的时空关系

以5G技术为代表的最新通信技术，为直播创造了流畅的信息通路，帮人们实现了时空上的"共时同在"。时间和空间是人们感知场景的基本坐标系，媒介技术通过改变时空的呈现方式来影响人们对场景的感知。纵观信

---

① 李克强.政府工作报告[EB/OL].(2022-03-12)[2022-03-15]. http://www.gov.cn/premier/2022-03/12/content_5678750.htm.

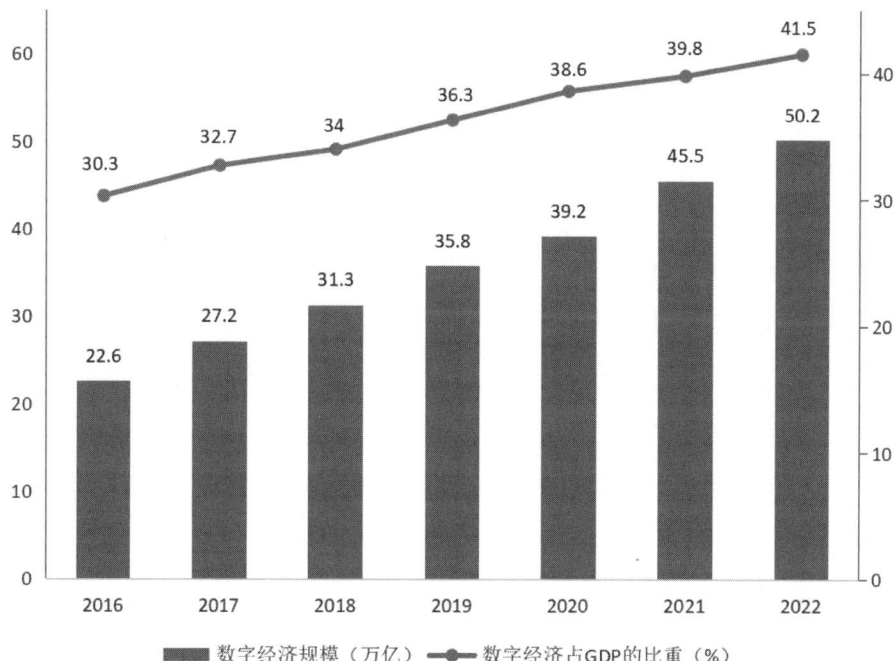

图 6-1 2016—2022 年中国数字经济规模①

息技术史,传统的媒介信息技术都在一定程度上显现出对时间或空间的偏向,而数字信息技术的发展对媒介的时空关系起到变革性作用,网络直播的时空边界变得模糊,时间和空间的分割也不再绝对,基于数字信息技术的多维立体虚拟空间让网络直播的时空关系趋于一体化。

一方面,进入直播的时空限制不断被消解。5G 技术的发展和基站的建立,让网络信号覆盖范围更广,网络速率更高,无论是移动中的交通工具还是静止的工作、居住地点,用户在任意地理位置都能顺利连接网络、参与直播,人们可以随时选择进入或退出直播场景,这大大降低了信息交互的时间、经济成本。

另一方面,直播的时空场景体验得到极大丰富。网络直播间为用户和

---

① 图片中统计数据由本书作者根据中国信息通信研究院发布的《中国数字经济发展研究报告》(2016 年至 2022 年)整理。

主播提供了能够一对多、多对多的传播空间,私人空间/生活的公开化也消解了物理意义上的距离感。众多用户在同一时间接收到信息,并且在内容、形式和情境上高度一致,创造了"天涯共此时"般强烈的时间同步感。人们在直播中感受到如同面对面般的交流体验,产生极强的临场感和社交感,诸如陪伴、信任等更高层次的心理需求因而被满足。

总的来看,5G时代的网络直播具有高速率、大容量、低延时等特点,直播中的视频影像对现实空间的复现程度更高,直播速度以及流畅度、稳定性得到更有力的保障,传受双方的互动越来越接近"0延时、100%同步",实时交互方式大大提升了直播的效率与可用性,创造出更逼真、更自主、更平等的互动交流情境。①

(二)区块链技术消弭网络直播的交流阻隔

区块链与网络直播的融合,能够重塑传播链条中的传受关系,还原真实的交流本貌。区块链技术是随着比特币等数字加密货币的普及而兴起的一种新型的去中心化基础架构与分布式计算范式,具有去中心化、时序数据、集体维护、可编程和安全可信等特点。② 在平台垄断和付费分成等商业模式不断压榨用户价值的当下,区块链所具备的开放、安全、自由等技术特质,为网络直播平等交流关系的实现提供了新的技术指向。

其一,区块链的"去中心化"特征有利于打破直播平台的垄断,平衡主播、用户与平台三者间的关系。区块链技术可搭建完备的去中心化网络架构,在全球范围内实现陌生人间的点对点交易,无须第三方授信机构介入③,有助于打破平台对资源的垄断。在分布式网络中,信息内容不再集中于某个或某几个特定的数据库中,每个区块的节点都可以记账,每个节点形成一个小中心,打破了传统的集中式传播结构。多中心模式让用户的力量更强,也就是说,每个人都能成为直播内容的生产者、传播者以及监督者,直播平台不再垄断话语。直播内容创作者也可以脱离直播平台独立上传内容,自

---

① 周勇,何天平."自主"的情境:直播与社会互动关系建构的当代再现——对梅罗维茨情境论的再审视[J].国际新闻界,2018,40(12):6-18.
② 袁勇,王飞跃.区块链技术发展现状与展望[J].自动化学报,2016,42(4):481-494.
③ 史安斌,叶倩.区块链技术在传媒业中的应用与局限[J].对外传播,2021(6):71-75.

主进行内容推广与变现。在此背景下，用户与主播之间的点对点交易和付费观看成为可能，直播的交流场景将变得更加平等自由。

其二，区块链技术的"可追溯性"能够维护直播内容的真实性，弥补"匿名"传受关系下的虚假传播缺陷。区块链拥有"时间戳"技术，能够完整记录传播过程中的行为主体、发生时间等相关信息，并且能够追溯数据来源，这些信息一旦被记录，将无法修改并被永久保存。在此种技术的支持下，主播的直播内容能够以时间链的形式被清晰地呈现，直播平台内的信息查询将更为便利，数据内容也更加完整。在网络直播的发展过程中，部分网红群体出于对利益、流量的盲目追逐，会做出编造虚假信息以吸引眼球的行为。区块链技术的"可追溯性"能够对网红群体起到震慑作用，同时也会对部分网民随意发起"网络暴力"的行为起到制约作用，让主播与用户对自己的言行都更加负责，维护交流关系的真实性与纯粹性，建构起可信任的直播场景。

网络直播的本质，实际上就是把现实生活中的交往场景压缩到网络空间，在不同的直播场景中，用户通过评论、点赞、打赏等互动功能与网红主播建立起类社会交往关系。然而，由于互联网具有匿名性、隐蔽性等特征，在交流互动时会出现一些技术暗箱中的灰色地带，让人们对网络直播的交往产生心理芥蒂。区块链技术的应用，能够减少网络直播的虚拟化所带来的问题，提升直播中交流行为的可信度，打破心理隔阂，让人们放心地沉浸于直播场景之中。

二、虚拟服务：感知具身化

如果说，数字基建从宏观上消弭了网络直播的传播界限，那么，前端设备的迭代便是从微观角度拓展了网络直播的感知功能。扩展现实、人工智能等技术正推动着网络直播虚拟服务完成升级，具身传播成为人与人、人与技术之间一种新型的交融关系，网络直播日益深刻地内嵌到人类社会生活的不同移动终端、社交软件甚至生活场景中，直播正在成为人们的生活方式。

对提供虚拟服务的前端设备的研发迭代，是直播技术发展的必经之路。当前，人们普遍使用的智能手机终端难以全面满足人机交互技术与感官功能的延伸需要，随着脑机接口、人工智能等技术的不断突破，人们有机会将身体全面带入直播场景。虚拟服务技术的升级,使得直播对人体的延伸拓展至生理和心理的双重维度,促进机体感官全维度的连接以及产生神经系统的共鸣。

首先,扩展现实和人工智能技术及终端的发展,将极大延伸直播中的感官体验。其中,涉及的技术主要包括:虚拟现实(VR)技术,用于生成虚拟直播场景,为用户提供模拟真实的感官体验;增强现实(AR)技术,能够将计算机生成的数字虚拟信息在现实世界中呈现、被人类感知;混合现实(MR)技术,利用设备混合真实世界和虚拟世界,产生新的可视化场景。2020年4月24日,美国说唱歌手特拉维斯·斯科特(Travis Scott)在VR游戏《堡垒之夜》中举办了一场虚拟演唱会直播,他借助全息人物投影置身游戏场景,与用户近距离互动,吸引了1230万人同时在线观看。观众穿戴上VR设备,可以在整个场景中实时互动,体验到近乎现实的沉浸式演唱会。可以看出,VR/AR/MR等扩展现实技术的发展,能够为直播营造一个真实与虚拟叠加组合、人类感官与机器技术交互相融的场景,是对现有直播场景的突破与提升,有望打破传统意义上虚拟与现实的二维区隔,真正实现无缝连接、无边界交融以及场景升维。在此基础之上,随着脑机接口、脑机操控等技术的发展应用,直播对人体的延伸还将超越肢体感官,深入到人的神经系统,利用传感设备对人的感官建构起全方位的连接。彼时,被卷入直播的将不仅是用户的身体,还将包含认知神经系统乃至人的心智。

其次,在人机交融的时代,人的身体正在成为传播和媒介的一部分。麦克卢汉曾提出这样一种观点:"一切技术都是肉体和神经系统增加力量和速度的延伸。"[1]未来的直播空间将是以人的身体为节点,向外延伸出的多维度空间,人的身体正在成为媒介,并有望成为未来直播与其他网络应用的"终极媒介"。通过连接在身体不同部位的传感器设备,技术得以深度嵌入用户的身体,延伸出直播场域中的"技术具身"。人的"真身"虽不能被实体传输,却可以利用设备的接入被呈现、被感知、被触碰,人在直播中能够真实地感受到身体受到的生理刺激,将其以三维立体的方式及时反馈在直播场景中。可以说,身体既是网络直播数据信息的生产者,又能够成为网络直播中的数

---

[1] 麦克卢汉.理解媒介:论人的延伸[M].何道宽,译.南京:译林出版社,2019:118.

据本身。通过对这些数据的取样叠加,直播世界中的"数字我"将变得越来越具象化、立体化[①],虚拟生存不再是梦。2022年2月16日,B站推出"虚拟主播"直播版块,用户可以选择服饰、发型、五官等元素来构建自己的虚拟人物形象,将摄像头对准自己即可动态捕捉真人表情动作,用户做出的表情动作都会同步到虚拟形象上。沿着"扩展现实＋具身传播"的趋势发展下去,网络直播或将实现真正的人性化传播。

媒介技术的发展趋势就是不断实现人机交融、解放身体感官机能的过程。扩展现实与人机交互等新兴技术的迅速发展,让网络直播场景不断吸纳具身传播元素,身体在直播中的重要性在不断凸显。伴随虚拟服务技术和设备的迭代升级,未来的网络直播将走向与人的身体、心智以及环境三位一体的深度融合阶段,进入全感官体验时代。

三、场景升维:走向"元宇宙"

放眼未来,网络直播迈入元宇宙时代,或许将形成一种常态化的媒介化生存方式。正如学者李沁预言的那样:"当下的网络直播不过是未来沉浸人生的预演,因为未来的一切人生都是一场泛在直播。"[②]

1990年,钱学森将虚拟现实译为"灵境",这可被视作中国学者对元宇宙的思考雏形。"元宇宙"一词的真正提出,源于1992年美国作家尼尔·史蒂芬森(Neal Stephenson)创作的小说《雪崩》(*Snow Crash*),书中描绘了一个庞大的虚拟现实世界,即元宇宙(Metaverse),人们在其中使用数字化身(Avatar)生存和互动。[③] 2021年3月,沙盒游戏平台(Roblox)提出要打造元宇宙世界,公司在上市后估值暴涨10倍;10月,脸书(Facebook)更名为"Meta",元宇宙概念走红并进入大众视野。

从概念上来看,元宇宙是由虚拟现实、人工智能、数字孪生、区块链等多种新兴技术整合而成的新型互联网应用和社会形态。简单来说,我们也可以将元宇宙理解为人们运用信息技术制作出来的一个与现实世界平行的数字世界。在元宇宙时代,如今的"直播"概念或许就会显得有些小了,因为当

---

① 李沁.媒介化生存:沉浸传播的理论与实践[M].北京:中国人民大学出版社,2019:259.
② 李沁.媒介化生存:沉浸传播的理论与实践[M].北京:中国人民大学出版社,2019:257.
③ STEPHENSON N.Snow crash[M].New York:Penguin Random House,1992:14-15.

技术打通连接障碍后,未来的直播将成为人类生存的常态,元宇宙里的人们就在直播中生存,现有的媒介形态和场景体系将得到极大改变与升维。

首先,是对现实世界的物理升维。其一,元宇宙能够突破虚拟和现实的空间界限。元宇宙通过数字孪生等方式,能够在虚拟世界中精准复刻现实世界的地理、人文景观,延伸物理世界的边界,甚至超越并反作用于物理世界,元宇宙时代的世界处于高度流动的状态。其二,元宇宙模糊了身体与数字形象的边界,人们可以按照自己的设定和喜好选择自身形象,获得"第二身份",自由选择进入任意虚拟空间。未来,人类的身体或许可以不局限于单一维度的物理时空,可以在同一时间存在于不同空间。

其次,是对传播关系的连接升维。目前,网络直播技术主要满足人们对视觉和听觉的沉浸体验需求,而嗅觉、味觉、触觉和神经系统等感官的传输、呈现与交互技术尚不成熟,成为传播连接当中的阻碍。元宇宙时代,人类通过利用VR、AR等技术设备终端进行深入的具身传播,在流动的社会中与彼此建立起真实的感官连接,技术成为人们行动的转译者。[①] 2021年8月19日,Facebook发布VR远程会议应用"Horizon Workrooms",支持"桌面识别""键盘识别""虚拟化身""混合现实""手势追踪"等多种功能,身处全球各地的用户可以通过VR头显设备"Oculus Quest 2"接入会议,收获如同身处真实会议室的体验,并与其他用户实时互动。从这一实践中,我们或许可以窥见元宇宙时代的传播模式。沿袭前文提到的"技术具身"与"数字我"概念,元宇宙中的人是数字虚拟化身,随着技术的演进,真身与形象、"数字我"与"本我"将高度融合,在认知、情感和思想上具备高度统一性,人们在交流中能够对情感、关系、情绪等感性内容拥有更敏锐的感知,拓展人与人的连接关系,颠覆人们对传播的想象。

最后,元宇宙对场景的升维体现在对人类社会的价值升维上。纵观媒介技术的革命历程,其演进逻辑是基于人类本身的,本质上都是在强化人的主体地位,为每一个普通人赋权。在元宇宙的虚拟世界中,人类拥有高度的自主选择权,性别、地位、地域甚至是疾病对人类的既定影响被无限降低,人们可以基于自身选择,收获完全不同于现实情况的生命体验,提升人生价

---

① 喻国明,陈雪娇.元宇宙:未来媒体的集成模式[J].编辑之友,2022(2):5-12.

值。那时,社会面貌也将更为接近"人的全面自由和解放"的理想状态,人与人、社群与社群的连接或许将塑造出未来时代的元宇宙文明。

媒介技术的发展变革,不仅创造出新一代的信息传播方式,还在形塑着人类的生活方式,甚至创造出新的秩序和文明。对于网络直播未来发展所引发的场景革命,我们关注的本质问题并非其对内容形式的变革,而是其对媒介生态、交往关系和社会生活的影响。当直播通过生态循环与场景再造不断强化传播过程中的情境力时,这也就意味着人类通过媒介实践正在获得整体上的赋权。远眺未来,网络直播的概念终将成为历史,直播将不再是一种具有明确边界范围的传播形式,网红也将不再是具有突出身份的群体,当更先进的媒介技术搭建起实时泛在的直播场景,直播或将成为人类媒介化生存的生活本身。

目前,越来越多的人将对未来媒介的想象和期盼安置于元宇宙的概念之中,但依循媒介演进的逻辑,当下的网络直播还存在许多技术泡沫与治理难点,人们还需要认真处理好人与媒介、人与技术之间的关系,更要认真思考媒介革命可能带来的权力秩序、社会治理以及人文伦理等方面的问题。

第七章 场景治理：
网络直播的问题症候与规范引导

网络直播构建了媒介与空间一体化的双维场景，在充分发挥其内容力、桥接力、社交力和情境力的同时，实现了网红主播、用户与平台等多个主体的深度互动，进一步推动了传播场景自身的再造与升级。但在当前持续火热的网络直播现象的背后，内容生产的分离变质、网红群体的低俗百态、一哄而上的消费狂欢等不良行为，成为网络直播这一行业发展过程中的显性症候。面对乱象频出的行业现状，网络直播的场景治理需要网红主播、平台、监管部门等多主体的协同共治。

本章基于马克思异化劳动理论思想的相关论述，结合现象与案例的分析与归纳，力图窥探网络直播中的典型问题症候，为我国当下网络直播的场景治理提供研究坐标与理论基础。具体而言，本章将本着规范引导的立足点，针对网络直播的倾向性问题，从主播规范与专业培养、组织创新与制度协作、平等协作与效能提升、算法治理与内容引导这四个层面，深入探索网络直播行业的场景治理方案。

第一节 网络直播与网红文化的症候

网络直播与网红文化中出现的问题不但制约行业自身的发展，而且对社会文化造成负面影响。随着网络直播群体的不断扩大，与之相关的"直播翻车"事件频发，甚至成为引起广泛关注的社会性事件，例如，快手平台曾经出现网红未婚先孕引发的"低龄妈妈"炒作热潮等。对网络直播和网红群体产生的负面问题进行梳理与归纳，有利于深刻认识该现象在社会文化层面造成的"裂缝"与不平衡，也可以为网络直播的治理提供方向。

第七章
场景治理：网络直播的问题症候与规范引导

马克思在《1844年经济学哲学手稿》中，提出并阐释"异化劳动"的概念，建构了独树一帜的异化理论体系，对后续的异化研究起到里程碑般的奠基作用。马克思提出，资本主义生产方式下的异化劳动，包括了劳动者与劳动产品相异化、劳动者与劳动活动相异化、人与人的类本质相异化及人与人相异化这四种形式。① 马克思关于异化劳动理论的建构，深刻揭示了资本主义生产方式中存在资本家剥削行为的实质。在马克思所阐释的异化理论中，异化的内涵主要指的是"分离、疏远"，即本属于人的东西或人活动的结果，在人的对象化的过程中，逐渐获得独立性，并反过来成为压制人的主体性的统治力量。② 在网络直播这种生产劳动过程中，内容下沉而引发的主播蜂拥而起的现象暴露出一系列病理性特征，与马克思阐释的异化劳动现象高度契合。对网络直播出现的问题进行具体分析，主要包括：网络直播产品的异化、网络直播活动自身的异化、网络直播场景内人的类本质的异化及人与人关系的异化四个方面。

一、网络直播产品的异化

以马克思的"异化劳动"理论审视，资本主义的生产方式让工人不仅不能占有劳动产品，反而在其生产的产品中不断丧失自我，沦为"自己对象的奴隶"。换言之，即工人通过劳动创造出来的产品产生了异化。在网络直播产业不断拓展和网红经济蓬勃发展的当下，网络直播产品的异化现象已经悄然出现。

在一定意义上，劳动产品体现劳动者的主体意识，是一种具有鲜明目的性、对象明确的生产活动。那么，网络直播产品的生产目的是什么？驱动因素又是什么呢？毋庸置疑，网络平台生产及网红劳动的直接目的是获取利益。究其产品特征而言，网络主播通过直播间的空间展演提供虚拟视听服务。这种虚拟的视听服务，包括才艺表演、语言嗨聊、内容推销、生活日常展示等各种形式，这些内容既是网络主播劳动活动的成果体现，也是网络直播用户的观看诉求。在一定程度上，正是形式的多样性带来了网络直播产品

---

① 马克思.1844年经济学哲学手稿[M].中共中央马克思恩格斯列宁斯大林著作编译局，编译.北京：人民出版社，2018：52-59.
② 关健.西方马克思主义异化理论研究[D].长春：东北师范大学，2012.

层出不穷、网红群体千姿百态的局面。

然而,从事物发展规律来看,一种事物如果出现势不可当的发展势头,在产生积极影响的同时,必然也会带来负面问题。在互联网的强大驱动力下,网红经济与文化所引发的问题更为明显。究其根本,出现这些问题的原因在于其存在异化劳动的性质。

随着网红群体与用户规模的不断扩大,网络直播的内容下沉日益成为行业内产品异化的导火索。国内有关研究显示,在获取资本利益这一目的的驱动之下,为了占领更多的用户市场、获取更多的注意力,网络直播从满足一、二线城市用户需求,拓展到满足三、四线城市用户,乃至农村用户的需求。[①] 网络直播在用户层面实施推动下沉战略,带来的直接后果是网红主播鱼龙混杂以及网络直播中低俗风气的盛行。

在"人人皆有麦克风"的自媒体时代,"人人皆有自己的秀场"逐渐成为网络直播发展的新逻辑,与之相伴而生的,则是内容产品层面的同质化、虚假化与低俗化。通过由表及里的分析,人们可以看出网络直播产品的异化,钳制了网红主播的主观能动性,造成了畸形的用户消费行为,尤其对未成年群体造成了极其严重的负面影响。

(一)同质化现象突出,网红主播千人一面

多元内容与算法推荐机制,极大地促进了网络直播的发展,获得越来越多下沉用户的认可。但是,如何创新内容生产、提升内容质量,实现真正意义上的下沉,以直播惠及用户的生活,仍是网络直播行业面临的挑战。这既是问题所在,也是难题所困。

当下,直播平台依据各自的优势,不断调整定位,实施了"直播+公益""直播+政企""直播+综艺"等举措,直播内容构成有所改观,但是大多数泛娱乐直播平台的内容匮乏现象依然十分严重,凸显秀场直播的特征。例如,平台内容以"颜值"为卖点,附加唱歌、跳舞等才艺表演,没有才艺、只和用户聊天的主播也不在少数。直播空间往往展现的是特定的狭小场景,内容则围绕着个人行为随意展开,多数主播对着摄像头表演"单口相声",直播内容

---

① 项威.图虫专业摄影社区用户下沉调研报告[D].北京:中央民族大学,2019.

缺乏有机联系与主题思想,同质化问题严重,导致用户审美疲劳。

网络直播内容同质化的倾向,致使网络视听服务产品异化,网红主播被禁锢在刻板的"工业化"的流水线之上。其主要表现在两个方面:

一方面,模式化的培训机构产出了千人一面的所谓网红。在 MCN 机构的培训机制之下,网络主播的产出和走红路线已然模式化,主播们看似"千姿百态",实质上却大同小异。培训机构打造网红的流程,如同机械化生产流水线一样,下线的是一模一样的产品。德国学者阿多诺指出:"拙劣的作品常常依赖于其他作品的相似性和一种具有替代性特征的一致性,于是文化工业戳穿了风格的秘密:即对社会等级秩序的遵从。"[1]在一定程度上,网络直播的同质化往往会影响人们的审美取向,致使人们失去深度批判与思考的能力。

另一方面,网络直播的同质化压制了网红主播的创作,使之成为直播产品的"奴隶"。一般而言,网红主播作为提供视听服务的劳动者,具有生产符合个人意愿产品的权利,即表演和展示自己喜欢的内容。但是,在机械化的培训机制和平台商家的要求之下,网红往往不能自由表达"真实的自我",他们的每项活动都被身后的利益所控制,其内容生产正在成为被平台资本把控的一种游戏行为。

(二)虚假化信息泛滥,用户权益受损严重

本质上而言,劳动者参与劳动、生产产品的过程应当是促进劳动自身发展的过程。事实上,也有很多网红主播参与直播的意愿和初衷是实现自我价值。但是,由于网络直播平台追求利益最大化,强行推销产品,营造诱导性消费场景,"奴役"和"钳制"了主播,一些网红主播在平台牵制下售卖假冒伪劣产品而自毁前程,更有甚者背负巨额债款,面临牢狱之灾。

网红主播为了获取更多打赏,往往将直播平台当成谋取利益的通道,甚至不惜以虚假的手段欺骗用户,网络直播中,虚假营销、诱导性消费现象泛滥成灾。其主要表现是:

其一,网络直播中诈骗事件频发,特别是出现了一系列处于法律法规

---

[1] 阿多诺.启蒙辩证法[M].渠敬东,曹卫东,译.上海:上海人民出版社,2006:117-118.

"灰色地带"的有目的的欺诈行为。一些网红在直播间投放虚假广告信息,将公众带入诈骗陷阱。比如,一些主播在直播间推荐"投资三十日赚百元"的 APP,诱导用户投资,最终导致受骗用户负债累累甚至倾家荡产;一些主播以婚恋为由头骗取爱心充值,蒙骗用户刷巨额礼物,骗取大额钱财。

其二,电商直播带货中的虚假营销和诱导性消费问题突出。美国学者赫伯特·马尔库塞(Herbert Marcuse)在其《单面人》一书中提出"虚假需求"的概念,他指出资本为了获取更多的利益,利用广告媒介将某种不必要的需求强加到受众身上。① 电商直播正是利用"虚假需求",进行有谋划的诱导性套利。一些主播用引导性的话语推销产品,如"每个人都应拥有""人手一个""人人一只"等营造虚假需求,然后通过展示产品的价格、成分、售后服务等信息,加强消费者的在场感,打破直播与观众间的"第四堵墙",诱导他们消费。此外,网红主播直播带货的产品往往也存在虚假营销的质量问题。2020 年 11 月,快手头部网红"辛巴"在直播中售卖的一款即食燕窝竟被查出只是普通糖水;快手另一位大主播"驴嫂平荣"也因为在直播间卖出 3 万部山寨手机,面临着赔偿上亿元的局面。种种虚假营销严重侵害了消费者的权益,同时也断送了网红主播的前程。由此可见,利用直播进行诈骗,其结果不仅使用户权益严重受损,也使网红主播失去社会信誉。

(三)低俗化问题十分严峻,社会影响不断扩大

网络直播低俗化倾向,已经成为危害社会的问题。值得注意的是,直播中低俗化的内容一方面遭到社会谴责,一方面仍然源源不断地出现。究其原因,主要是参与网络直播的主体的道德失范以及受众的媚俗需求。但需要指出的是,那些形形色色的猎奇、审丑、恶搞、自虐、性暗示等内容之所以拥有一定的市场,主要问题是网络主播僭越道德和法律的红线。一些主播放大自己的私密生活或进行怪异表演,刺激用户产生猎奇心理和窥私欲,他们在金钱、流量的"虚荣"中逐步陷入低俗化表演的漩涡,成为所生产产品的"奴隶",日益与现实生活脱节,无法自拔。

低俗化问题还让原本理应为大众提供优质精神文化产品的网络直播变

---

① 马尔库塞.单面人[M].左晓斯,张宜生,肖滨,译.长沙:湖南人民出版社,1988:6.

质,文化艺术的高雅性逐渐被一些低俗的"精神鸦片"所消解。为了追求所谓的"精神解压"与视觉享受,部分用户放任自己长期沉溺于虚幻的直播场景中,对网红主播的虚拟人设抱有幻想,日益被精神欲望所控制,实践能力与辩证思考能力降低,出现过分重视娱乐消遣诉求的趋势。尼尔·波兹曼认为:"互联网时代正在构建这样一种娱乐化的大众媒介,其提供的肤浅甚至是恶俗的快乐是欲望发泄式的,是缺乏思索和精神参与的。一切文化内容都无声无息甚至心甘情愿地成为娱乐的附庸,其结果是我们成了一个娱乐至死的物种。"①

更为严重的是,网络直播的低俗化还对社会主流价值观造成了冲击,特别是对价值观尚未成型的未成年群体造成负面影响。2023年3月CNNIC发布的第51次《中国互联网络发展状况统计报告》显示,截至2022年12月,我国网民整体规模为10.67亿,其中20岁以下网民占比18.7%;我国网络直播用户规模为7.51亿,较2021年12月增长4728万,占网民整体的70.3%。② 未成年人在网络空间中的参与程度日益提高,也更容易受到网红主播的影响。

泛娱乐化的直播场景模糊了美与丑的界限,消解了大众的审美规范,造成了未成年群体价值观的世俗化和主体性的麻木。网络直播场景中,有的网红以暴露身体为美,有的以恶俗情趣为潮流,有的以骄奢淫逸为追求,未成年群体若长期沉浸于这样的直播场景中,可能出现审美水平下降、价值观歪曲等问题。因此,网红主播必须具有较好的专业素养,自觉遵守道德规范,承担社会责任。

二、网络直播劳动过程的异化

马克思在其异化劳动理论中提出,异化不仅表现在工人生产的产品中,还表现在劳动生产活动的过程中,劳动活动自身的异化也是劳动产品异化

---

① 波兹曼.娱乐至死[M].章艳,译.北京:中信出版社集团,2015:4.
② 中国互联网络信息中心.第51次《中国互联网络发展状况统计报告》[EB/OL].(2023-03-02)[2023-08-09].http://www.cnnic.cn/NMediaFile/2023/0807/MAIN1691371871303 08PEDV637M.pdf.

的必然结果,并具体表现为劳动的剥削性、强制性与异己性。① 网络直播劳动过程的异化指的是主播在从事直播活动的过程中,由于各种因素导致活动效果与初始目的相背离的情况,即形成一种外在、否定性的破坏力量。② 在网络直播平台,主播和用户从事数字劳动不可避免地受到技术与资本的隐性控制,并表现为劳动的双重强制性,进而转化为"成瘾性"的数字劳动。

其一,技术与资本对劳动过程进行隐性控制。网络直播与网红群体处于一个由技术、资本等因素共同作用下的庞大媒介生态中。在商业运作层面,网络直播平台或机构为实现效益的最大化而制定了一系列关于主播劳动考核的管理机制,包括规定主播播出时长、主播基本流量、主播最低收益等。商家也会依据用户观看量、带货成交额等平台数据,选择优质主播进行商业合作。尽管网络直播作为突破时空限制的媒介,给予了用户"人人可直播、随处可直播"的可能性,用户似乎也在劳动过程中获得了更多的自由度与话语权。但事实上,主播和用户从事数字劳动的过程仍然受到隐性市场逻辑与商业资本的控制。网络直播平台和机构制定的数据量化指标和各种维度的排行榜让网红主播不断处于数据危机之中。部分主播开始"为了数据而直播",其自由性和自主性受到严重创伤,甚至背离了他们参与直播活动的最初目的。网络直播平台和机构则通过延长主播的劳动时间,获取剩余价值。

在技术层面,算法与大数据的推荐机制让广大用户陷入了愈加严重的"信息茧房"之中。网络直播内容以单个种类为原点,衍生成一个由无数个细分门类组成的密网。当用户面对如此多的直播场景时,难免也会陷入选择难题,无法对任何直播内容产生强链接关系。但算法技术利用大数据,为直播平台的粉丝定制用户画像,并进行内容推荐。用户只要单向滑动屏幕就能进入大数据为其筛选和匹配好的场景。在这个过程中,平台资本获取个人数据、绘制用户画像,让用户日常生活的每个瞬间都成为它可以进行"推荐"与"剥削"的机会。技术提供的精准化内容推荐,吸引用户以观看、互

---

① 汪金刚.信息化社会生产与数字劳动异化:对马克思"异化劳动理论"的当代阐释[J].新闻大学,2020(2):80-93,122.
② 杨永赞,李全喜.网络直播异化的表征、溯因及消解:以马克思异化劳动理论为视角[J].中学政治教学参考,2021(44):6-9.

动等形式参与数字劳动,并且让用户免费的数字劳动泛化,甚至激发用户潜藏的消费欲望,让用户在无形之中做出非理性的消费选择。

可以说,市场的资本选择与平台的技术规制,通过隐性的劳动剥削,让主播和用户都在参与网络直播的过程中逐渐异化。

其二,网络直播对主播和用户劳动具有双重强制性。随着网络直播与生活的深度融合,网络直播对主播劳动和用户观看行为的双重强迫渐渐显现,体现为对人日常生活的完全占有,瓦解人们对时间的自主分配权。

对于网红主播而言,网络直播活动的强制性表现为网红主播的劳动场景与生活场景相融合而被迫延长劳动时间。主播即使离开了线上的直播场景,他们的现实生活依然会被直播相关的事宜填满。他们每时每刻都无法逃脱直播给他们设定的框架,网络直播活动本身成为他们在非自由意识下主动参与的强制性活动。更重要的是,网络直播场景的多元化更恶化了这种强制性劳动的严重程度。从最初的秀场直播到直播学习、直播睡觉、直播吃饭等各种新型门类,直播场景逐渐覆盖日常生活的方方面面。真实存在的生活本身在密集的直播场景中被转化为简单的表象,不断累积和膨胀的直播场景将主播日常生活的每一个行为都演变为资本积累的方式,在强制性的劳动参与中,最终形成了直播活动过程的异化。

对于用户而言,网络直播使其不可避免地投入免费数字劳动中,并占用了用户的休闲时间。用户观看网络直播本应是休闲娱乐活动,他们本该在自主支配的时间内自由参与网络直播活动。但在网络直播的过程中,用户的点赞、评论、打赏等行为均变成了被平台资本无偿占有的数字劳动。用户原本自由参与的休闲活动变成了平台资本增值的工具,且此类数字劳动对于用户而言具有伴随性和隐藏性,是不易察觉且难以摆脱的。当用户作为数字劳工参与网络直播活动日益常态化,其活动参与过程的异化也就不言而喻了。

其三,网络直播过程中,主播和用户的行为转化为"成瘾性"数字劳动。在资本、平台、技术等多种因素对网络直播的异化之下,若缺少及时的外部监管与必要的规范引导,网络直播活动可能走向彻底崩溃和消极强化的极端,即劳动活动的剥削性和强制性会引导劳动活动本身走向崩溃和消极强化这两种结局。马克思认为强制劳动必然产生异己性,具体表现为:"只要肉体的强制或其他强制一停止,人们就会像逃避瘟疫那样逃避劳动。"① 在网络直播平台,主播和用户的劳动没有受到工业时代的"肉体的强制",而是如上文所述,受着一种基于资本和技术的隐性强制,这种隐性强制具有难以摆脱的伴随性和不易被人察觉的隐藏性。在网络直播平台,主播和用户劳动过程的异己性则主要表现为自我"成瘾性"的数字劳动。

在马克思的观点中,走向崩溃是劳动活动异己性的最终结果。但在信息化的场景中,数字劳动无处不在。对于网络直播而言,主播和用户很难轻易逃脱网络直播活动的"枷锁",网络直播的各个主体很容易深陷于直播伪造的"囚笼",每个主体都难以逃脱沦为"数字劳工"的命运,直播成"瘾"或成为部分主播和用户的终极宿命。

网络直播场景让线上与线下、真实与虚拟的界限日益消弭。部分网红主播沉浸于直播场景之中,直播活动本身的异化给他们带来的虚幻快感让他们深陷其中无法自拔。网红主播直播成"瘾"的行为是网络直播活动异己性的生动体现。与之相应,用户观看直播成"瘾"也是异己性的真实表现。在网络直播间,即使用户意识到了自己的非理性消费行为,但他们身处直播场景之中,无法抵制消费欲望和控制自己的行为。网络直播活动过程的异己性让部分参与者卷入想要抽身又无法抽身的数字劳动之中,网络直播不断蚕食着每个参与者的主观意愿,最终将表现为对部分深度参与者日常生活的完全占有,并瓦解人们对时间的自主分配权。

三、网络直播中人的"类本质"异化

马克思认为,有意识的生命活动把人同动物的生命直接区别开来,正是由于这一点,人才是"类存在物",即人具有"类本质"。人的"类本质"就是"生产劳动",而生产劳动最重要的特点就在于它是自由自觉的活动。② 网络直播场景中人的"类本质"异化正体现在参与网络直播的主体生产劳动的非自由化方面,并主要表现为主播的现实自我遗弃和用户的狂欢式消费两个方面。

---

① 马克思.1844年经济学哲学手稿[M].中共中央马克思恩格斯列宁斯大林著作编译局,编译.北京:人民出版社,2018:54.
② 马克思.1844年经济学哲学手稿[M].中共中央马克思恩格斯列宁斯大林著作编译局,编译.北京:人民出版社,2018:53.

网络直播场景中人的"类本质"异化,即是生产活动对人的主观意愿的背离。对于部分网红主播而言,他们在量化指标和数据控制之下逐渐失去主观能动性;对于部分用户而言,他们则是在从众性的集体行为中做出非理性的消费行为。

(一)主播的本我认知迷失

"身体的缺失"使互动者摆脱了现实世界"在场"的种种约束,原来只在人们头脑中想象和构造出来的虚拟自我找到了一种新的表现方式,从而衍生出依赖网络环境的虚拟自我。[①] 网红主播在虚拟的网络直播场景中寻求精神以及物质方面的愉悦,长此以往,忘记了自我的本真,陷入"楚门的世界",甚至产生遗弃现实生活中的原本自我的现象。

在外表层面,网络直播中的滤镜和美颜工具受到主播的热烈追捧,他们沉浸在滤镜营造出来的虚假现实中,逐渐忘记了自己的真实模样。美化自我的形象使主播获得了在现实生活中难以获得的满足感与收获感。面对着屏幕上不断涌现的点赞、评论和打赏,主播越发迷失在虚拟和真实的世界之中,难以抽离,并在虚拟场景中塑造了理想自我,构建了虚假的自我认同。

在精神层面,许多主播进行直播的初心源于表达自我,但在实际的直播环境下,主播常常通过满足受众的需求来满足内心的成就感。也就是在这个过程中,网络主播渐渐突破底线。在部分网络直播间,用户和主播"一方叫嚣,一方呈现",双方层层加码导致了直播间成瘾性行为的恶性循环。这种成瘾性行为使得主播逐渐失去人的主体性和创造性。在网络直播的虚拟场景中,部分主播在用户的推动下不断进行虚拟"角色扮演",最终在用户的吹捧中迷失自我,迷失本我认知,导致直播行为与初始意愿相背离。

(二)用户的消费理性缺失

网络直播场景突破了时空限制,在某种程度上为用户营造了新的狂欢空间。在个人直播间内,用户可以与主播自由地交流,并在满屏的评论、弹

---

① 徐琳琳,王前.网络中的虚拟自我新探[J].自然辩证法研究,2011,27(2):90-95.

幕和打赏中迎来一次又一次的消费狂欢。这样的消费狂欢为主播带来了可观的销售数据,也满足了用户在现实生活中未被满足的情感需求。但在整个消费过程中,网络直播场景化的消费狂欢也导致了用户"类本质"的异化。

一方面,用户从"能动性的个体"转化为"单向度的人"。这主要体现为网络直播对人的主动思考能力与创造能力的侵蚀。在被虚拟消费品包裹的直播场景里,用户通过彼此竞争的方式沉浸在虚拟的狂欢中,并逐渐丧失消费理性。主播的长时间陪伴、粉丝的社群互动增加了用户与直播间的黏性。他们用网络直播平台界面化的互动代替人与人之间面对面的交流,用虚拟货币堆砌出的满足感来代替精神层面的深层次需求,最终转化为丧失主观能动性的"单向度的人"。

另一方面,用户的消费从"物的消费"转化为"界面化消费"。如上文所述,网络直播形成了界面化的互动空间。部分用户在网红主播的界面空间中难以分辨自身的真实需求。以直播带货为例,用户围观网红主播卖货的过程形成了一个上帝观察视角,用户可以在直播间提问,实现直播社群中的一对一对话,从而获得控制上的满足感。在网络直播间,用户对实物的消费建立在界面符号消费的基础之上,这种从"物"到"界面"的消费让部分用户逐渐忽视了物品本身的价值,陷入电商主播打造的幻境中。

四、网络直播场景中人与人关系的异化

网络直播是多元主体协同参与的生产活动,各主体之间形成了既合作又对立、既真实又虚拟的关系。网络直播实现了实时沟通、情感交流与信息传播,从"秀场"到"电商""文旅",网络直播一步步拓宽领域,形成了独特的生态文化,也组建了极为复杂的社会关系网络图谱。

马克思认为:"人同自己的劳动产品、自己的生命活动、自己的类本质相异化的结果就是人同人相异化。"[①]对于网络直播行业而言,网络直播产品、劳动过程及直播中人的"类本质"的异化,最终导致直播中人与人关系的异化。网络直播中的各主体均有自身的利益考量,其利益逻辑驱动下的社会关系复杂多变。本书以网红主播为核心,主要分析网络直播中主播与用户

---

① 马克思.1844年经济学哲学手稿[M].中共中央马克思恩格斯列宁斯大林著作编译局,编译.北京:人民出版社,2018:54.

的关系、主播与同行主播的关系及主播与 MCN 机构人员的关系。

(一)主播与用户的关系异化

网络直播是主播与用户依据自身诉求进行的交流对话。网红主播进行直播的重要目的之一是获取经济效益,而用户看直播则是为了获得视听满足、情感慰藉等。此类包含利益交换的社群关系将在一定程度上扭曲网络直播的传播交流功能,影响主播与用户的关系,导致彼此关系的异化。

一是虚拟场景社交带来的人际关系失真。网络直播场景为主播和用户营造了虚拟化的社交场景。人们在此场景中更加关注匿名的自我,主播与用户看似坦诚相待的友好交往很容易异化为虚拟个体的相互连接。现实生活的社会交流要求人们遵循礼仪的规范,而网络直播场景中的交流有时却因为缺乏这些日常礼仪而发生一系列直播事故。有的用户在直播平台上随意表露不满,有的用户假装自己拥有高高在上的发言权。这些行为都极易在直播间引起争吵和骂战,损害网络直播中的社交关系,在匿名化的社交场景中,造成人际关系的失真。

二是虚拟场景中,人们以获取利益为目的维护人际关系。网络直播的场景改变了以往单一的传播模式。主播身处直播间的舞台中央,被直播间的观众围观,如同明星一般获得了高度关注。网红主播会通过"家人们""老铁"等看似亲昵的称呼拉近与观众之间的距离,但他们并不是为了获得朋友间情感上的亲近,而是为了获得用户的物质反馈。事实上,这是以物质反馈的方式来代替真实社交中应有的情感交流。在网络直播场景中,为主播消费金额最高或者较高的用户可以成为该直播间的管理员,在直播的粉丝社群中拥有独特的身份。这种用物质换取的情感满足将刺激他们进一步消费,继续强化主播与粉丝间异化的社会交往活动。此类虚拟场景中的社会交往活动,以获取利益为目的,人们难以建立稳定的、深层次的情感联系。

(二)主播与同行主播关系的异化

随着网红主播规模的不断扩大,网络直播行业的竞争日益加剧。部分主播和平台为了增加收益,通过流量数据造假等方式进行恶性竞争,一些主播甚至诋毁或恶意举报其他主播,此外,违约跳槽的现象也屡见不鲜。这不仅损害了网络直播行业的发展,更导致了主播与主播之间关系的异化。

其中,部分主播借用粉丝的力量在直播间开展骂战形成恶性竞争。2017年8月,虎牙直播平台的两名主播"楚河"和"嗨氏"因一场真人秀《高能少年团》的排名展开骂战,在粉丝加入骂战后,事态升级。"楚河"爆料"嗨氏"学历造假、买水军等,给"嗨氏"造成了很大影响,其原本主打的"乖宝宝"人设遭到网友质疑。双方争执停止后,"嗨氏"在与虎牙的合约尚未到期的情况下跳槽到斗鱼,同时,为了拯救长期以来树立的"我做人做事都有自己的原则和底线"的人设,在微博上频繁发声,引发了一场《王者荣耀》主播及平台之间的口水战。与此同时,法律意识的缺失及经济利益的吸引,让一些大牌主播在高额薪酬的诱惑下,选择违约跳槽以提高自己的收入,引发直播行业的一次次动荡。一些主播在跳槽事件中,利用粉丝对自己的喜爱,挑唆粉丝在直播间、微博等平台上为自己摇旗呐喊,谩骂、诋毁其他主播,为自己的违规行为开脱。

此外,也有部分主播为了提升自己的名气,对同类主播进行恶意举报。此类违规行为严重损害主播与主播之间的关系,造成了行业恶性竞争。2019年,新一季的斗鱼粉丝节比赛中,水友助力"米娜"拿下擂主,为回馈水友,"米娜"在直播间表演舞蹈,但收到了超级管理员的黑屏警告,直播间热度减半,人气下降。而后,"米娜"在直播中哭诉,透露平台同行恶意举报自己的直播间一事。此类恶意举报在网络直播中形成行业负面影响。

(三)主播与MCN机构关系的异化

艾媒咨询数据显示,2022年,中国MCN机构数量已超4万家,预计到2025年,MCN机构数量将超过6万家。艾媒咨询分析师认为,网红经济的崛起吸引了更多MCN机构进入,推动行业向规范化、标准化方向发展。[1] 从网络直播行业产业链的可持续性循环角度来看,MCN机构作为网红主播的培养皿,需要投入大量资金对主播的外在形象和资源进行打造和包装。网络直播平台作为盛放各种直播内容的圆盘,其背后也有高昂的技术开发与维护资金。因此,以经济效益为先的经营逻辑是网络直播产业的基本逻辑。

---

[1] 艾媒咨询.2022-2023年中国MCN行业发展研究报告[EB/OL].(2023-03-01)[2023-05-29]. https://mp.weixin.qq.com/s/HlUoRUJ6o7LeO_W7czHCEA.

但是，随着直播产业竞争日趋激烈，部分直播平台和 MCN 机构为了抢占更多资源、提升经济效益而违反市场规律，这引发了网络直播行业内容生产的众多问题，也导致了主播与 MCN 机构关系的异化。

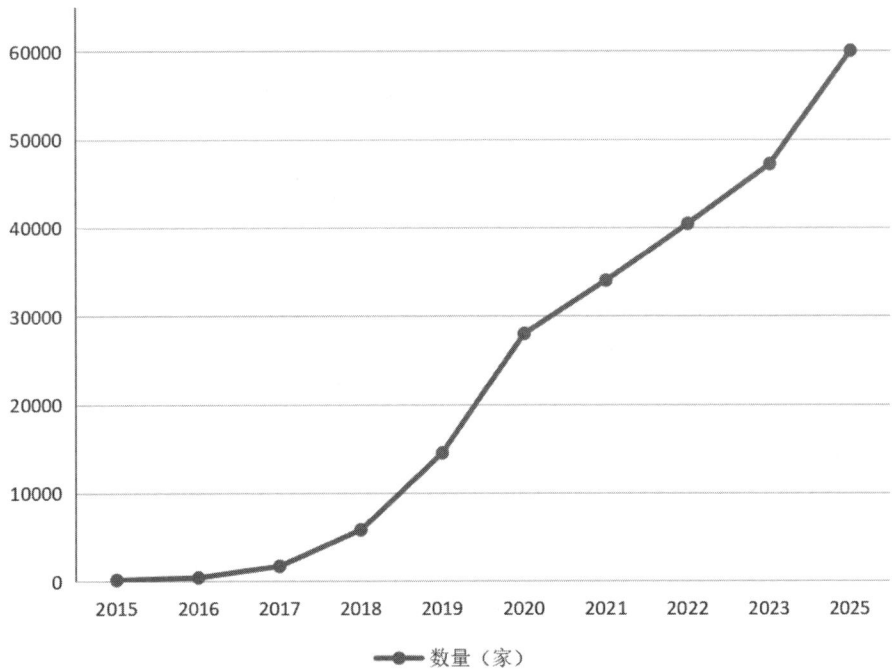

图 7-1　2015—2023 年中国 MCN 机构数量及预测①

MCN 机构指招募和管理网络主播的新型经纪公司。MCN 机构通过签约和培育有一定粉丝基础的网红并对其进行集中的商业运营，保障内容的持续输出，从而实现商业的稳定变现。MCN 机构负责直播网红的业务合作与日常管理，网络直播平台与网红群体的联系大多通过这些机构进行。

现阶段，MCN 机构与主播仍然存在权责不清的现象。当直播内容出现问题时，MCN 机构与网红主播往往互相推诿责任，双方的社会责任感和个人职业道德感淡薄，彼此之间的关系容易破裂，难以形成稳定合作关系。因

---

① 艾媒咨询.2022-2023 年中国 MCN 行业发展研究报告[EB/OL].(2023-03-01)[2023-05-29]. https://mp.weixin.qq.com/s/HlUoRUJ6o7LeO_W7czHCEA.

此,明确MCN机构与主播之间的权责关系,端正内部的价值风向,对于稳定MCN机构和主播之间的关系有着重要作用。

此外,团队内部的利益争夺也会导致相关人员的合作关系难以为继。网红是在MCN机构的培养之下成长起来的。在主播发展的初步阶段,他们往往直接听从MCN机构的安排,在收入分成方面也只能拿很少一部分钱。但随着网红主播的成长壮大,其个人自带的商业价值超越MCN机构的培养效能,其中不乏一些优秀主播脱颖而出成为头部网红。网红拥有大量粉丝和流量,即可凭借着自身的影响力要求脱离机构的控制,或在更大程度上参与利益分配。双方在博弈的过程中,往往因为复杂的利益矛盾而关系恶化,MCN机构甚至和网红主播解约,双方元气大伤、收益受损,关系异化。2021年7月,知名网红李子柒停更,她和杭州微念的故事被媒体反复报道。这就是一则网红与MCN合作崩溃的典型案例,其背后的资本博弈引发的社会舆论不仅应该引起我们对不同利益主体在网络直播中的地位的考量,更应该引起我们对平台资本控制下人与机构关系异化现象的思考。

第二节 平台自治、行业监管与群体引导

网络直播行业快速发展的同时乱象频出,严重制约行业健康发展,良好的监督、管理、整治是网络直播行业长远发展离不开的。网络直播的场景治理离不开多元主体的协同共治。具体来看,平台需要提升管理水平,明确主播规范,加强专业培养;主管部门需要创新组织架构,建立健全法律法规体系;媒体、网民等多元主体应平等协同;基于新技术发展的算法治理与内容引导应被用于提升治理效能,以促进风清气正的网络直播场景的形成。

一、主播规范与专业培养

主播规范与专业培养是网络直播行业治理的核心内容,主要涉及三个主体,即网络直播平台、网络主播个体以及管理网络主播的MCN机构。从整体上讲,主播规范与专业培养是一项系统工程,需要各个组成部分相互促进、相互制约、相互配套。具体来讲,主要体现在下述六个方面。

第一,应出台网络主播的资格认证制度,形成规范的职业化标准,提升主播专业素养。当前,由于缺乏强制性的从业资格认证,网络直播的准入门槛较低,这在一定程度上助长了低俗内容的大量出现。有关部门先后出台的政策文件、法规条例主要聚焦直播平台的规范管理。例如,《信息网络传播视听节目许可证》相关规定的出台对从事互联网信息服务的主体机构的性质做出了规定,但并没有给出有关网络主播的从业资格的明确规定。因此,平台有必要通过完善网络主播的资格认证,提高网络主播的准入门槛。同时,直播平台也应该完善对主播的管理,在知识学历、心理健康、思想品德、犯罪记录等方面提出基本要求。

第二,强化网红群体自律,网红应遵守道德底线,约束自身的言行举止。网红群体作为公众人物,其不良行为不但影响行业健康发展,而且会对用户的价值观、思想行为等产生或大或小的负面影响。网红群体应具有高度的社会责任感,以社会主义核心价值观为标准进行自我约束,树立良好的形象。

第三,网络直播的细分化将进一步驱动网红群体的专业化发展,打造"专业网红""知识网红"成为新的趋势。网红群体必须提高审美追求,增强文化底蕴,培养精神情操,才能适应未来网络主播的职业化发展。当下,优质的直播平台越来越意识到内容生产之于行业发展的根本性作用,通过"直播+教育""直播+文化"等形式,发挥网络直播的价值观引导功能。进一步讲,优质内容输出离不开网红群体整体素质的提升,网红群体只有不断学习、不断进取,才能拥有持久的生命力。

第四,增强网红群体法律意识,制定平台文明公约。网络直播平台作为"把关人",应对网红主播进行网络直播涉及的相关法律法规的教育。此外,平台可依据典型涉法案例制定文明公约,培养文明主播。同时,平台可以聘请法律专家,把控新的法律法规和处罚条例。例如,面对经济利益,主播如何遵守职业道德、杜绝诈骗行为,推销产品应秉持什么样的态度,以生动、有趣的形式加强对主播法律意识的培养。

第五,MCN 机构应强化对旗下主播的基本素养教育。作为实施管理网红群体的重要商业机构,MCN 掌握着旗下签约主播的大量资源,应建立涵盖签约、培训、直播等全流程的审查机制。首先,明确并不断更新网络直播规范、规定网络主播的行为准则和语言规范,并对其行为进行监督。其次,应注重签约主播的基本素养,重点考察新人主播的道德素养,定期考核主播的能力。此外,MCN机构还应对有不良记录的网络主播实行限制、解约的处理,并针对商业推广,审核直播计划是否具备合法性。

第六,建立体系化的网络主播从业培训机制,强化网红群体的自律意识。从培训内容来看,MCN机构除开展在才艺、语言表达、肢体语言、化妆技巧等方面的专业培训之外,应加入有关网络信息管理的培训和考核,增强网红群体的自律意识。在才艺培训方面,避免网络直播表演的同质化,在网络直播平台弘扬主流文化。监管部门可为MCN机构提供支持,鼓励MCN机构为直播签约主播提供传统才艺培训,如古筝、书法等。平台可为学习传统才艺的主播给予一定的扶持,如为表演传统才艺的主播提供宣传资源,让其在直播平台上获得更多的推荐。强化与垂直领域的专业人员合作,如美食协会成员、电竞游戏专业选手、音乐公司合作音乐人、正规医院从业人员等,MCN机构应当为此类专业人员与平台对接,为其提供专属的身份认证标志,提升机构旗下网红的专业化水平。

二、组织创新与制度建设

平台的自我监管是行业发展的必要条件,但面对乱象频出的网络直播行业,政府需要加强对越界者的执法力度,严格审查,严厉处罚,才能有效约束不良行为,净化网络空间。政府是网络直播行业监管的"核心领导者、战略规划者、政策指导者和最后的安全保障"。[①] 网络直播行业迅猛发展,不良问题频现,这要求政府不断健全行业监管体系,提升治理的能力与水平。现代社会各领域的治理往往牵一发而动全身,更需要多部门复合联动与协同沟通。具体来看,政府层面对网络直播行业的治理应创新治理架构、加强部门联动、健全法律体系,从而提升治理效能。

第一,健全管理机构,创新组织层面的治理架构。行政体系建设是涵盖网络直播行业在内的网络综合治理体系的基础和保障。对网络直播行业开展行政管理,需要扬长避短,建立适应互联网特点的管理体系。当前,政府

---

① 董青岭.多元合作主义与网络安全治理[J].世界经济与政治,2014(11):52-72.

对网络直播行业的监管主体较为分散：从横向来看，有国家互联网信息办公室、国家新闻出版署、文化和旅游部、工业和信息化部、国家广播电视总局、公安部等中央层级主体；从纵向来看，则是地方各层级的监管部门。①众多的监管主体，看似"各管一块"，实际上存在权责交叉重叠与监管真空等现象，因此整个监管体系仍有待进一步协调统一。要解决多头监管带来的效率低下问题，需要优化顶层设计，构建分工合理、权责明确、效率优先的协作机制，明确各部门的权责划分，确保监管全局稳定而协调。具体而言，应明确一个政府机构作为网络直播行业监督的主体，领导其他部门协调共治网络直播行业；应加强各部门的协调联动，建立综合性、制度性协调机制，最大限度地避免监管混乱。

第二，不断完善行业法律体系，强化监管力度。网络直播行业发展迅速，新现象、新问题层出不穷，这要求相关主管部门深入调研，整理现有的法律、行政法规、部门规章等规范性文件，并广泛听取社会意见，制定具备高适配性、强约束力的法律法规体系。当前，涉及网络直播行业的法律法规包括《电子商务法》《网络安全法》《互联网文化管理暂行规定》《互联网信息服务管理办法》等，此外还有《关于加强网络视听节目直播服务管理有关问题的通知》《互联网直播服务管理规定》《关于加强网络直播服务管理工作的通知》等具有针对性的规定。这些法律法规数量较多，但存在主管部门分散、针对网络直播行业的内容较少等问题。因此，主管部门应根据行业发展趋势，构建科学权威的法律体系，确保网络直播行业得到科学监管与有效治理。

2020年7月1日，中国广告协会发布的我国首份《网络直播营销行为规范》开始实施，规定了商家、主播、平台以及其他参与者等各方在直播电商活动中的权利与义务，保障消费者的合法权益。②但该文件作为自律文件并不具有强制性，有待直播平台、MCN机构、主播、商家等网络直播中的受监管对象的责任与义务进一步明确。例如，带货主播是否为产品代言人，对售卖商品负何种责任；平台和MCN机构是否承担连带责任，等等。此外，针对多

---

① 王新鹏.论我国网络直播监管体制的完善[J].电子政务，2019(4)：46-56.
② 中国广告协会.网络直播营销行为规范[EB/OL].(2002-07-20)[2021-11-03].http://www.china-caa.org/cnaa/newsdetail/369.

元对象,主管部门需要制定全面、系统、科学的争议解决办法与协调制度。

第三,完善行业税务制度,规范行业税收秩序。依法纳税是每个公民的义务,网络直播作为新兴行业,具有发展迅速、从业者收入来源复杂等特点,因此,有关部门要高度重视税务监管问题。当前,部分网络直播平台、MCN机构、网红个人等缺乏纳税意识,对"网络打赏纳不纳税"等问题也缺乏统一的规约与认识。要解决这一问题,重要的是要根据行业的发展态势,厘清各直播平台的商业运作模式及法律关系,适当调整工作方法,明确纳税主体及各类型收入的性质,采取适宜的税收监管方案,有效遏制偷税漏税行为。例如,可以建立完善的大数据监控系统,明确规定直播平台的结算方式必须向税务机关备案等。

第四,严抓侵权问题,保障权利平衡。网络直播内容繁杂,涉及的侵权领域较广,主要包括隐私权、知识产权等。提升网络直播行业治理的法治程度,应围绕现有网络直播侵权问题展开分析研究,不断改进立法,加大处罚力度;应制定更细致的监管方案,提升隐私权保护的语境与侵权界定,即何种情况下何种问题属侵权行为,例如,就涉及公共利益和个人利益的不同情况的区分说明。此外,有关法律还应明确知识产权在该行业的具体保护内容与知识产权所有者的权利边界,例如,对直播画面涉及的第三方作品的侵权判定等。2020年4月,广东省高级人民法院发布的《关于网络游戏知识产权民事纠纷案件的审判指引(试行)》指出:"运行网络游戏某一时段所形成的连续动态画面,符合以类似摄制电影的方法创作的作品构成要件的,应予保护。"这一条例的发布对网络直播行业的知识产权保护具有一定的参考意义。作为网络直播行业的组成部分,网络游戏直播的知识产权保护应得到进一步的重视,游戏画面牵扯游戏开发商和游戏玩家,游戏直播画面还涉及主播的言行举止,因此,对这一领域的侵权判定应进一步完善制度设计。

第五,加强政企协作,畅通沟通渠道。作为新兴行业的网络直播发展速度快,内容生态和行业形态日新月异,政府对行业形势的判断存在一定的延迟性。因此,畅通互联网企业与政府部门的沟通交流渠道显得尤为重要。直播平台作为直播行业最直接、最主要的参与者,能够及时捕捉行业发展态势,应加强对政府部门的反馈,更好地实现上传下达;积极参与政策调研和制定过程,提升政策的科学性和可行性以及政府部门监管措施的有效性。此外,政府还可以定期举办网络直播交流会,邀请受众参与讨论,广泛征求民意。2020年10月20日,国家市场监督管理总局发布《网络交易监督管理办法(征求意见稿)》,公开向社会征求意见。① 这一举措有利于主管部门积极吸纳群众的想法,切实保障群众利益。

三、多元协同与效能提升

推动网络直播行业的健康发展,离不开社会各界的多主体参与。媒体要履行好信息发布、组织动员和舆论监督的社会责任;网民要提升自身的媒介素养,对网络直播领域的法律法规心存敬畏,自觉约束自己在网络空间中的言论和行为。有了多主体的平等协同与共同努力,网络直播行业治理效能才能提升,引导其朝着更健康的方向不断发展。

主流媒体需要运用自己的公信力,强化对于网络直播行业的舆论引导,将网络直播行业的违法违规行为公之于众。沉浸在网络直播"娱乐化"的快感中,受众很可能会忘记或者忽视直播中存在的一些不良信息与潜在危害,此时就需要媒体承担重任。媒体应客观对待网络直播中出现的问题,有意识地将行业违法行为公之于众,为受众带来正向引导。媒体要对网络直播乱象进行深度剖析,不仅要让公众认识问题,还要让公众明白症结所在。

2020年8月12日,央视新闻批评"大胃王吃播",称:"现在有些所谓大胃王吃播秀浪费严重,有的甚至吃了再把食物吐掉……珍惜粮食,拒绝浪费。"吃播最初指"吃饭直播",兴起于韩国的一档美食真人秀节目,随后伴随着短视频平台的快速发展,吃播迅速风靡国内的短视频平台。在央视点名痛批吃播后,为响应制止餐饮浪费行为的号召,直播平台斗鱼率先做出回应,将加强对美食类直播的内容审核,杜绝浪费。吃播的野蛮生长纵容了一批靠浪费食物满足人们猎奇观看心理的主播,他们通过催吐、恶意剪辑、假吃等形式浪费粮食,造成不良的社会风气。在当下包罗万象的互联网生态中,我们应规避技术发展所带来的缺陷,维护直播生态。

---

① 国家市场监督管理总局.市场监管总局关于《网络交易监督管理办法(征求意见稿)》公开征求意见的公告[EB/OL].(2020-11-12)[2021-11-13]. http://www.samr.gov.cn/hd/zjdc/202010/t20201020_322434.html.

第一,加强对未成年人的引导,保护未成年人的身心健康。未成年人尚未形成系统的世界观与价值观,在复杂的网络空间中缺乏足够的辨别力。未成年人有消费的权利,但诱导未成年人消费的主播的行为应被严加管治。一些直播内容危害身心,未成年人容易受到低俗化侵蚀,还可能陷入巨额打赏网络主播等问题之中。因此,主管部门在网络直播领域应注重对未成年人合法权益的保护,制定专门的法律法规,在尊重未成年人身心发展规律的同时,避免其安全受到侵害。2020年11月12日,国家广电总局发布通知,明确规定严厉禁止未成年用户使用"打赏功能"。① 这一条例明确了网络直播中未成年人打赏的法律效力,有助于网络直播领域未成年人经济纠纷问题的解决。2021年3月16日,国家广电总局发布了关于公开征求《中华人民共和国广播电视法(征求意见稿)》意见的通知,其中的第二十三条写道:"广播电视节目集成播放机构应当通过设计未成年人专门频率频道、未成年人专门时段、未成年人节目专区、未成年人模式等措施建立完善未成年人保护专员、未成年人节目评估委员会等机制,防止未成年人节目出现商业化、成人化和过度娱乐化,保护未成年人合法权益。"② 直播平台可以参照内容分级方式,要求主播开播前对直播内容进行信息填报,平台据此对直播进行分类评级,划分不同的内容频道与年龄频道,推荐优质内容,限制不合格内容。

第二,加强特殊主体规范,做到权为民所用。在新冠疫情的影响下,直播带货得到了一定程度的发展,一些地区的政府官员为带动本地经济,走进直播间,推销本地产品。政府官员这种特殊主体参与网络直播,一是可以给网友们带来新鲜感,二是更具公信力,但这背后也存在一定隐患,如公权力的滥用、腐败问题、质量保障问题等。因此,网络直播行业的特殊主体法律规范,需要重视责任分配问题以及直播宣传的规范问题,要明确特殊主体的责任边界,避免有人利用公权力进行产品造假、公益造假、业绩造假等。此外,还应就赔偿问题制定规范,对不同产品质量问题制定合理的赔偿及处罚条例。平台应强化与政府的协作,加强对特殊主体直播的备案程序,监测整

---

① 网络视听节目管理司.国家广播电视总局关于加强网络秀场直播和电商直播管理的通知[EB/OL].(2021-03-16)[2021-11-13].http://www.nrta.gov.cn/art/2020/11/23/art_113_53957.html.
② 国家广播电视总局.国家广电总局关于公开征求《中华人民共和国广播电视法(征求意见稿)》意见的通知[EB/OL].(2021-03-16)[2022-02-13].http://www.nrta.gov.cn/art/2021/3/16/art_158_55406.html.

体流程,打造清朗的政务直播间,使公权力真正发挥其应有的作用。

第三,加强网民媒介素养教育,引导鼓励其依法协同监督。网民的思辨能力、信息选择能力不足,使其面对纷繁信息时不能明辨是非,产生不良后果。与此同时,网民的行为又会反向刺激主播,造成其他危害性更大的直播乱象。网民应树立正确的价值观,提升文化修养,用知识充实头脑,传递正能量。媒体可以通过开展媒介素养线上教育,让网民理性看待网络直播,认识其虚拟性,明辨网络空间中的真与假。引导网民提高思辨能力,避免盲从,在观看直播的过程中文明互动,理性打赏与消费。此外,主管部门可以通过增加群众监督途径,设立激励机制,让网民积极参与网络直播的监督活动。

四、技术管控与流程治理

网络直播的飞速发展,使得互联网安全问题与社会治理问题更加复杂和艰巨,解决这些问题需要多元主体不断加强合作,强化监管、治理与约束。当前,新技术的迭代更新呈现加速趋势,对当下社会的影响进一步加剧和深入。5G、人工智能技术促进物联网快速发展,区块链技术不断助力实体经济,云计算市场规模持续扩大,大数据技术和应用不断成熟,元宇宙相关领域正在成为新的投资热土。随着新技术的迅猛发展,网络直播行业的管理方法与手段也必然不断丰富,从而推动行业治理向更为智能化的阶段迈进。面对技术发展的智能化趋势,直播平台应不断提升智能技术在行业治理中的运用水平,扩大智能信息技术的覆盖面。

第一,强化平台管理的技术力度,丰富监管手段,实现全方位监管、精准化监管。网络直播是技术发展的产物之一,直播平台应不断强化技术支持,将技术与人力管理相结合,运用图像、语音识别技术,区块链技术以及其他信息技术,实现网络直播行业的智能化、数字化治理。针对直播内容、弹幕等问题,平台应优化内容过滤技术,对直播期间存在的问题实现更快的审查。同时,平台应提升大数据能力,根据主播行为勾勒网络直播"画像",通过抓取用户数据、流量信息,绘制用户画像,借助于庞大的数据库和监测系统,对用户的异常行为快速做出反应。

第二,基于数字化技术,提升平台对直播内容的把控能力。《互联网直播服务管理规定》指出,互联网直播服务提供者应当对违反法律法规和服务协议的互联网直播服务使用者,视情况采取警示、暂停发布、关闭账号等处置措施,及时消除违法违规直播信息内容,保存记录并向有关主管部门报告。① 平台可以利用基于语音识别技术的系统实时监控直播网红的语言表达,对于违反用语规范的词语进行消音屏蔽,并记录违反用语规范的直播网红的视频片段,依此对其进行处罚;利用相应技术实时监控、捕捉弹幕文字,自动拦截敏感词汇,对不良弹幕发布者采取禁言等措施。快手直播拥有的语音识别技术可快速识别直播中出现的违规用语,并进行处理。花椒直播的后台监管体系则在图像监控领域较为专业,可实现直播视频每两秒一截图,再运用图片识别技术进行判断。图片识别响应时间为 0.5 秒,召回率为 94%,准确率达 95%。

第三,完备体系流程,强化全流程运营能力。直播平台应通过建立事前审批、事中监控、事后评估一整套体系,强化平台优势,提升运营能力。2021年5月25日起施行的《网络直播营销管理办法(试行)》明确指出,直播营销平台应当依法依规履行备案手续,并按照有关规定开展安全评估。具备一定影响力的直播活动,主播或主办方应在直播前向平台申报,平台综合考虑活动人数、活动影响力,提前向公安部门和网信办申报,提供直播内容的规划、直播网红的背景资料等用于备查。参与此类活动的直播网红必须获得有关部门颁发的信息服务许可证,商业组织不得邀请没有服务许可证的直播网红进行直播。电商直播尤其涉及用户权益,平台应在开播前对商家及主播进行资质审核。审核信息可包括:商家是否具备经营许可信息;商品是否有质检报告;商家是否提供有效售后与维权途径;主播是否在开播前进行过商品消费体验等。

第四,提升直播智能化管理,加强对打赏功能的科学设计与规范。打赏是网络直播的重要功能,也是网络主播的主要收入来源。近年来,未成年人天价打赏事件频发,要求网络直播平台完善这一功能,以智能化技术加强对打赏功能的科学设计与规范。2021年2月9日,国家七部门联合发布《关于加强网络直播规范管理工作的指导意见》,指出网络直播平台必要时可设置

---

① 中国网信网.互联网直播服务管理规定[EB/OL].(2016-11-04)[2022-02-13]. http://www.cac.gov.cn/2016-11/04/c_1119847629.htm.

打赏冷静期和延时到账期。① 除了实名认证外，网络直播平台还应设置人脸识别等附加验证条件。此外，与银行卡绑定的打赏应设置每日打赏上限，对于大额转账行为，可标记金额延缓到账，或设立确认时间期限，通过短信、电话等方式对银行卡户主进行认证后方可到账。此类技术手段将有助于弥补未成年人打赏漏洞，减少未成年人非理性消费现象产生。

第五，提升数据信息透明度，严防数据造假行为。机器人的刷屏留言、不断攀升的在线观看人数、人气虚高的网络红人、你追我赶的热门榜单……网络直播中的数据造假行为严重扰乱了网络直播的秩序。因此，对网络直播数据进行科学管理刻不容缓。网络直播平台应该对用户相关数据进行保护，不倾斜推广资源，对造假行为进行公示，对诚信用户给予适当推荐鼓励。此外，由于电商直播涉及的对象众多，商品五花八门，平台须对主播带货的商品和服务进行必要的审查，除公司机密外，其他内容都应向公众公开，最大程度保障公众的知情权。需要公开的必要信息应包含商家的相关许可证、商品的具体信息、商品销售数据、主播试用体验情况、直播销售数据、直播售后评价等。特殊带货还应依据具体情况公示必要相关信息，如扶贫助农直播应公示获助地区真实情况、商品产量及销售渠道、物流运输情况等。

网络直播行业治理作为中国特色网络社会治理格局的重要组成部分，不仅要不断更新治理理念，探索治理优化路径，更要具备全球视野，在全球网络治理进程中动态把握网络社会治理的特征和规律。我国作为人口大国和互联网大国，在互联网治理、媒体生态治理和主流意识形态安全上的举措将深刻影响全球网络社会治理模式和路径。总体而言，我国的网络直播治理，以满足人民群众幸福美好生活需要为目标，以科学治理促发展为原则，通过统筹优化要素资源分配，加强网络技术创新，提升多元主体的治理效能等手段，以符合时代需要和社会实际的治理方式促进网络直播行业的进一步繁荣。凭借在网络直播行业治理的具体实践和优化探索，我国应不断总结具备全球借鉴价值的网络社会治理经验，提供合理的网络社会治理方案，形成完善的网络社会治理中国模式，为全球网络社会治理贡献中国经验。

---

① 中国网信网.关于印发《关于加强网络直播规范管理工作的指导意见》的通知[EB/OL].(2021-02-09)[2022-02-13].http://www.cac.gov.cn/2021-02/09/c_1614442843753738.htm.

附　录
我国网络直播与网红群体发展变迁年谱

一、直播平台发展时间线

网络直播自2005年诞生至今共历经18年的时间,这一过程可分为三个阶段:2005—2013年、2014—2016年、2016年至今。从初期以秀场直播、游戏直播为主,到电商直播蓬勃兴起,再到如今直播全面赋能各行各业;从2016年的"千播大战",到如今直播走向"日常化",日常走向"直播化",直播的演进历程既映射着中国互联网的发展走向,也在一定程度上成为观察中国社会发展的重要窗口。

以下内容将总结自2005年直播出现以来的行业发展概况,并梳理直播平台历史发展脉络,以纵向视角把握中国直播行业的发展史。

第一阶段:网络直播发展初期阶段(2005—2013年)

此阶段为网络直播发展的早期阶段,也是直播行业的起步时期,以"秀场直播模式"为主。秀场直播,即主播通过颜值、才艺、互动等方式吸引用户关注,并通过语音聊天室的模式与用户构建关系,因此,直播平台也重点在语音、互动、打赏等功能上进行优化和升级。但在此时期,主播不雅视频曝光、大尺度直播视频曝光、直播中打"擦边球"等乱象层出不穷,涉黄、低俗内容成为秀场直播模式的难题。9158视频社区、六间房、YY语音,构成了秀场直播时期"三分天下"的局面。

2005年 9158视频社区

9158是一款实时社交视频平台,主要业务以文化娱乐类直播为主,因其可以同时显示多人视频而被业内称为"聊天室模式"。当时的9158受到新浪的追捧,新浪将新浪SHOW并入9158,共同打造天鸽集团,天鸽集团于

2014年在香港上市。

2005年 YY语音

YY语音是一款游戏语音通信平台,是中国最大的游戏语音通信平台之一,注册用户超过10亿。YY语音最早用于《魔兽世界》游戏玩家的团队语音指挥通话,时至今日,YY语音已成为集团队语音、视频直播、YY群聊天等功能于一身的综合型即时通信软件。

2006年 六间房

六间房是一款在线互动直播平台,汇集众多喜爱唱歌、跳舞、聊天的才艺主播,他们能够与观众面对面聊天及互动。六间房的核心产品和服务是"六间房秀场",它构建了观众与内容播出者良性互动的大型虚拟社区,开创社交视频领域的先河。

2012年 酷狗繁星网

酷狗繁星网是酷狗以音乐属性为基础打造的在线视频互动演艺平台。同时,其与唱片公司和艺人紧密合作,提供明星主播、素人主播视频直播音乐互动服务,用户可以通过点歌、聊天、赠送虚拟礼物等形式与主播实时互动。

2013年 来疯直播

来疯直播是阿里巴巴集团大文娱板块优酷的互联网直播平台。2016年9月,来疯直播日活用户数量已突破600万。在直播行业一片红海的背景下,来疯率先推出"互动综艺"概念,用差异化的直播产品卡位市场,将以艺人为核心的传统综艺节目变成全民参与、深度互动的综娱直播。

2014年 网易BoBo

网易BoBo是网易旗下的在线娱乐社区,属于互联网明星直播平台,于2014年4月正式上线。网易BoBo拥有技术先进的视频直播间,支持数万人同时在线视频聊天。2015年7月,网易BoBo手机直播产品公测上线,是国内首款基于秀场模式的手机直播产品。

第二阶段:网络直播发展中期阶段(2013—2016年)

网络直播发展中期阶段,也是直播行业的发展时期,以"游戏直播模式"为主。2013年,《英雄联盟》《魔兽争霸》等游戏的持续火热为中国市场培养了大批的电竞观众。基于此,"游戏直播模式"应运而生。观众通过观看专业游戏主播、职业选手的游戏直播,满足社交、娱乐、提高游戏水平等需求。与此同时,游戏直播在内容生产、盈利模式等方面都突破了先前的秀场直播模式,为直播行业带来新生机。在此时期,最有代表性的是斗鱼直播、虎牙直播、熊猫直播等游戏直播平台。

2014年 斗鱼TV

斗鱼TV是一家弹幕式直播分享网站,以做游戏直播为主。2014年,游戏赛事在国内的火热态势对斗鱼的崛起起到了推波助澜的作用。2020年10月12日,虎牙直播与斗鱼宣布合并,虎牙直播将收购斗鱼市场上所有流通股份。

2014年 虎牙直播

虎牙直播是中国领先的游戏直播平台之一,覆盖超过3300款游戏。随着电竞赛事的发展,虎牙直播汇聚了众多世界冠军级战队和主播,引入国内外赛事的直播版权,深耕独家IP赛事。2018年5月,虎牙在美国纽交所上市,成为中国第一家上市的游戏直播公司。

2016年 熊猫TV

熊猫直播是一家弹幕式视频直播网站,创始人为王思聪,平台聚集了国内众多一线视频主播资源,开辟了一系列经典的游戏直播频道。2017年2月,熊猫直播因涉色情内容被约谈,并被要求全面整改。2019年3月30日,熊猫直播官网发布公告,宣布正式关站。

第三阶段:全民直播时代(2016年至今)

2016年以来,在PC端直播平台竞争愈演愈烈的同时,移动端直播平台进入了人们的视野。随着智能手机的普及和4G的全面推广,手机直播APP开始出现,任何人都可以随时随地打开直播软件观看直播或开启直播,成百上千款直播APP同时上线,移动直播平台数量呈现井喷式增长。在这一时期,直播平台上涌现出不少流量主播,展现出多元的直播生态。

2015年 花椒直播

花椒直播是一款国内移动社交直播平台,已有数百位明星入驻,用户可以通过直播了解明星鲜活的、接地气的一面。花椒直播现已推出上百档自制直播节目,涵盖文化、娱乐、体育等多个领域。2016年,花椒直播VR专区上线,成为全球首个VR直播平台,开启移动直播VR时代。

2016年 美拍

美拍是一款可以直播、制作小视频的软件,2014年5月上线后,连续24天蝉联App Store免费总榜冠军。2016年1月,美拍推出直播功能,迅速成为最有代表性的娱乐直播平台之一,创造了黄子韬米兰时装周直播、TFBOYS美拍直播挑战、戛纳电影节直播等经典案例。

2016年 一直播

一直播是一下科技旗下的一款娱乐直播互动APP,其与微博达成了直播战略合作伙伴关系,承担起微博直播业务的支持职能。微博用户可以通过一直播在微博内直接发起直播,也可以通过微博直接观看直播和互动。

2016年 映客

映客是一款为用户提供娱乐、时尚及实时互动服务的APP。平台可让用户以多种方式互动,例如,赠送虚拟礼物、实时聊天、私信沟通及同玩社交游戏等。映客已推出秒开、实时美颜及直播对战等多个创新功能。2018年7月12日,映客正式在港交所挂牌交易,成为港股的娱乐直播第一股。

2016年 抖音

抖音是由字节跳动孵化的一款音乐创意短视频社交软件。2017年,抖音直播上线,直播内容覆盖音乐、艺术、传统文化、三农、旅游等领域。2021年,抖音直播总场次达2954万次,万千网友共同见证了神舟十三号载人飞船成功发射、刘德华出道40周年、天文奇观等众多直播现场。

2020年 微信直播

微信是腾讯公司于2011年推出的一款为智能终端提供即时通信服务的免费应用程序。2020年10月,微信视频号上线直播功能。2021年,视频号直播功能持续升级,在"发现"页拥有和朋友圈、视频号同等地位的独立入口。同时,视频号通过与公众号进一步打通、上线直播提醒及预约、PC端可观看直播等一系列操作,为直播引流。

二、网红发展的标志阶段

网红即网络红人(Influencer),指在现实或网络生活中因为某个事件或某种行为而被网民关注从而走红的人或长期持续输出专业知识而走红的人。截至目前,中国的网红发展历经四个阶段：1995—2004年、2005—2011年、2012—2016年、2016年至今。从初期以论坛网站为载体,到博客、微博成为网红展示自我的平台;从社交媒体时代,到"人人做主播"的视频直播时代,网红群体的发展史深深铭刻着时代烙印,反映了20余年间媒介技术的变革与社会的演进。

以下内容总结自1995年以来我国的网红发展概况,并梳理其标志阶段,以纵向视角把握中国网红发展史,回望网红群体的代代更迭。

萌芽出场:论坛网站时代(1995—2004年)

该时期网红群体初露端倪但尚未成型,是网络用户中的极少数群体。网红的形成具有一定"门槛",对文字能力、知识储备的要求较高。同时,清晰的粉丝群体边界与组织架构尚未形成,网红经济与相关产业发展较为迟缓。

1994年5月 国内第一个Web服务器

中科院高能物理研究所建立了国内第一个Web服务器,推出中国首套网页,介绍高科技发展情况。

1995年8月"水木清华站"论坛

"水木清华站"论坛正式运行,其他高校也陆续推出类似的BBS论坛。随着使用人数与应用范围的拓展,论坛中逐渐出现了一些发帖量大、互动量多的用户,网络名人的端倪从高校BBS论坛上开始显现。

1998年"西祠胡同"

"西祠胡同"是国内首个大型综合社区网站,"自由开板,自主管理"的操作模式受到网民的欢迎。

1998年"痞子蔡"

台湾作家"痞子蔡"(本名蔡智恒)在BBS论坛上发表的网络言情小说《第一次的亲密接触》,被公认为"网络小说开山之作",这也是中国互联网史上的第一部畅销小说。

1998年"安妮宝贝"

内地作家"安妮宝贝"(本名励婕)在文学网站上发表文章,创作出《七月与安生》《八月未央》等红极一时的网络文学作品，成为这一时代网红的代表性人物。

1999年 天涯社区

天涯社区是当时中国最大、最有影响力的网络社区。其准入门槛更低、内容更多元、用户来源更广泛、主体异质性更强的特性，契合当时网民群体渴望拥有公共讨论空间、参与交流的需求。

2003年"木子美现象"

"木子美"在《遗情书》中记录了她与广州某著名摇滚乐手的"一夜情"故事，故事发布后被迅速转帖到"西祠胡同"论坛，引起轩然大波，形成"木子美现象"。

2003年"伤害小胖子"

钱志君斜眼回望、作"鄙视你"状的照片被网友贴在网络上，立即引发网友"伤害小胖子"的恶搞风潮，花样百出的小胖子恶搞照出现在各大论坛里，钱志君也成为网络恶搞第一人。

2004年"芙蓉姐姐"

网络拍客将"芙蓉姐姐"（本名史恒侠）的照片上传到水木清华BBS、北大未名BBS和MOP网站上，"芙蓉姐姐"就此成为网络红人。

2004年"什么是博客"

"什么是博客"是2004年各大搜索引擎最热门的搜索关键词之一（百度搜索引擎中的相关检索关键词还有"什么叫博客""博客是什么意思""博客中国"等），同时"博客"也被众多机构和媒体评为2004年最热门的互联网现象。

持续发展：博客时代（2005—2011年）

在2004年"博客"受到众人关注后，网红发展迅速进入博客时代。在此阶段，原本活跃在论坛中的写手网红转移到博客，建立起个性化社交平台。同时，名人明星成为网红新成员，也有越来越多的普通人或是在网络世界中展示自我、表达观点、交换意见，或是受人关注、靠网络推手的推动成为网红。

2005 年 新浪博客正式运行

新浪博客凭借"零进入壁垒"的信息发布方式,极大地便利个人表达与信息共享,国内互联网的普及应用进入加速期。

2005 年 "天仙 MM"走红

2005 年 8 月,网名为"浪迹天涯何处家"的成都网友,在一次旅游时,遇到一个少数民族漂亮女孩尔玛依娜,随后在汽车论坛发表文章《单车川藏自驾游之:惊见天仙 MM?!》,在一系列营销操作下,包装出网红"天仙 MM"。12 月,"天仙 MM"尔玛依娜参加了搜狐的年终人物评选,在"2005 年新生代偶像评选"中,以 44%的高得票率获得冠军。此后,虚拟世界掀起了互联网营销的热潮。

2006 年 胡戈与恶搞视频

胡戈制作恶搞短视频《一个馒头引发的血案》,片中无厘头的对白、滑稽的视频片段、搞笑另类的穿插广告在网上引起轩然大波,胡戈就此成为国内恶搞视频制作人的鼻祖。

2006 年 "韩白之争"

学者白烨在博客上贴出长文《80 后的现状与未来》,对作家韩寒及"80后"群体提出批评。随后,韩寒同样在博客上发布回击文章《文坛是个屁,谁都别装逼》,文中有句话一度成为网络流行语:"什么坛到最后也都是祭坛,什么圈到最后也都是花圈。"

2009 年 "凤姐"走红

2009 年,罗玉凤在天涯论坛发表征婚帖《我想找个北大清华男结婚》,还在上海地铁站分发了 1300 份征婚传单。在被媒体报道后,罗玉凤在上海本地论坛里得到了"陆家嘴征婚女"的称号,获得了一定的关注量。随后,罗玉凤登上江苏卫视情感类访谈节目《人间》的"我要嫁白马王子"一期,发表"九岁博览群书,二十岁达到顶峰"等言论,迅速获得大量网友关注,被网友称为"凤姐",走红网络。

2009 年 "奶茶妹妹"走红

2009 年 7 月,章泽天将其手捧奶茶的照片上传到 QQ 空间,照片经网络转载获得广泛传播。12 月 13 日,百度贴吧"皇家马德里吧"最早公布了"奶茶妹妹"的真实姓名和所在学校,随后,不少球迷涌入百度贴吧"章泽天吧"。

12月29日,猫扑论坛一位自称"笔袋男"的网友发布名为"哥散尽全部家当求此女"的帖子,帖子里贴出了章泽天的照片,外加一封求爱信。12月30日,"奶茶妹妹"称呼出现,该帖成为猫扑首页推荐,"奶茶妹妹"章泽天变成了网络红人。

2009年"犀利哥"走红

2010年2月23日,天涯论坛的一篇帖子——《秒杀宇内究极华丽第一极品路人帅哥!帅到刺瞎你的狗眼!求亲们人肉详细资料》令流浪汉"犀利哥"(程国荣)迅速走红,他被网友誉为"极品乞丐""究极华丽第一极品路人帅哥""乞丐王子"等。

2011年"微博女王"姚晨

2009年8月,新浪微博上线,开始内测;不到2个月,姚晨的微博就跃居微博关注榜首位;仅6个月,姚晨的微博就成为首个粉丝数量突破百万的微博。2011年7月27日上午,姚晨在开通新浪微博23个月后,成为新浪微博首位关注人数突破1000万大关的微博用户。

垂直分化:社交媒体时代(2012—2016年)

2012年,中国使用手机上网的人数首次超过使用电脑上网人数,尤其是在农村地区,移动互联网的普及使许多人跨过PC时代直接进入智能手机时代。与前两个阶段相比,用户对网红的需求逐渐进入追求审美与娱乐享受的阶段。网络上出现了"段子手"网红与电商网红两大群体。

2013年 段子手公司"三巨头"

2013年起,中国段子手公司"三巨头"——牙仙、楼氏、鼓山相继成立。据2015年5月《智族GQ》,这三家公司总共签下中国90%的职业段子手,粉丝累计超过三亿人。牙仙旗下主要有叫兽易小星、谷大白话、琦殿、天才小熊猫等网红,楼氏则有同道大叔、回忆专用小马甲、假装在纽约等网红,鼓山的英国报姐、大哥王振华、小野妹子学吐槽也赫赫有名。

2013年 阿里巴巴入股新浪微博

2013年4月,阿里巴巴入股新浪微博,加速了中国网红与电商的绑定。

2015年"网红经济"

2015年8月,淘宝网举办"网红现象研讨会",正式提出"网红经济"的概念,第一次系统梳理"网红经济"。2015年双十一期间,网红店铺仍占据淘宝女装C店前十的七席,数十家红人店销售额达2000万至5000万元;2015年末,新浪微博评选年度微电商十大网红。知名网红年收入过亿等新闻充斥大众媒体,"网红经济"成为社会各界热议的话题。

2015年 张大奕走红

2014年,张大奕的淘宝店铺"吾欢喜的衣橱"成立。随后,张大奕开始一边在微博分享穿搭照片,吸引大批粉丝,一边利用个人影响力为自己的淘宝店铺引流。2015年,张大奕只用一年半时间,就实现了微博粉丝数从25万人增至400万人,并创造了新品上线2秒钟内即被顾客买光,2小时销售额近2000万元的销售奇迹。

2015年 "papi酱"走红

2015年,"papi酱"开始在社交及短视频平台发布原创短视频,她精彩的表演加之2倍播放的快节奏与奇妙变声,迅速吸引大量粉丝。值得一提的是,"papi酱"的视频创作不仅搞笑,还具有深度,常引发网友共鸣和热烈讨论。自发布短视频开始,"papi酱"仅用4个月的时间就收获了超千万粉丝。

2016年 "papi酱"单条视频贴片广告以2200万元的价格成交

2016年3月21日,罗辑思维联合"papi酱"推出广告拍卖活动;4月21日,经过10轮竞价后,"papi酱"的单条视频贴片广告终以2200万元的价格成交,这起投资被业内视为首例网红成功变现的案例。

全面兴起:视频直播时代(2016年至今)

2015年下半年,国内直播行业迅猛发展,以映客、花椒、一直播为代表的移动直播平台,以斗鱼TV、虎牙直播、熊猫TV为代表的游戏直播平台和以抖音、快手为代表的短视频平台迅速崛起。在互联网技术快速更新迭代的背景下,2016年成为直播元年,网红也据此步入"视频直播时代"。

2018年 李佳琦与马云PK卖口红

2018年双十一,"口红一哥"李佳琦在直播中与马云PK卖口红,短短5分钟,李佳琦就卖出1.5万支口红,5小时带货535万支口红,创下口红销售纪录。

2020年 洛天依入局带货直播

2020年3月18日,汰渍新品洗衣凝珠在京东直播发布,流量明星任嘉伦和虚拟偶像洛天依打破次元壁联手直播带货,这也是洛天依的直播首秀,本场直播互动数超6000万次。2020年5月1日晚间,洛天依在淘宝直播带货,开启了虚拟主播与人类主播的首次带货PK。在1小时的直播中,洛天依销售了博士伦、美的、欧舒丹等品牌的产品,淘宝直播在线观看人数一度高达270万,近200万人打赏互动。

2020年 疫情期间主流媒体带货直播

新冠疫情发生后,在"宅"经济和5G技术的助推下,网络直播带货异军突起,主流媒体在这其中完成了一系列政治导向性强、融合度高、制作精良的直播。相关直播中推出的"小朱配琦""央视boys"组合大受用户欢迎。

2022年 北京冬奥会为虚拟数字人直播提供舞台

在北京冬奥会期间,央视新闻与百度智能云联合打造的AI手语主持人以手语同步解说冬奥会,让听障人士也能正常看比赛;中国移动咪咕视频推出谷爱凌的数字分身Meet GU,并在咪咕冬奥赛事演播室中完成滑雪赛事解说、播报及场景电商的虚拟互动等工作;技术服务商阿里巴巴推出冬奥宣推官数字人冬冬,她作为冬奥特约记者和主持人一起进行节目播报,与13名冬奥健儿谈笑风生,还在直播间销售各种冬奥周边商品,并与观众实时互动,讨论冬奥热点话题。

三、直播发展的典型事件

2016年以来,网络直播行业不断解构旧有边界,深入社会生活的不同场景,"直播+"兴起,全民直播时代到来。直播作为一种融入社会经济、文化,甚至政治领域的新兴力量,突破了旧有的用户圈层,改变了人们的生活方式,重新塑造了现实空间,也将逐渐演变为未来社会的一种"新型基础设施"。

以下按时间顺序梳理了自2016年以来直播行业的典型案例,展现全民直播时代较为完整的行业画像。

2016年4月7日 演员刘涛直播解密电视剧《欢乐颂》

2016年4月7日,演员刘涛开通映客直播账号,与网友亲密互动。直播当天正值电视剧《欢乐颂》发布会召开,在分享生活趣事、传授穿搭技巧和化妆经验等内容的同时,刘涛也在《欢乐颂》发布会的后台解密演员上台全过程,获得网友的广泛关注。主演蒋欣、杨烁、王子文等一一入镜刘涛的映客直播间,带给网友不一样的明星接触体验。

2016年4月14日 Angelababy品牌营销直播

2016年4月14日傍晚,Angelababy通过淘宝手机客户端进行了美宝莲纽约的产品销售直播。此次直播开始于Angelababy赶赴代言活动的途中,直播内容包含Angelababy的赶场细节和现场发布会实况。此次品牌营销直播最大的特色是:在美宝莲纽约官宣品牌代言人Angelababy的直播中直接开始销售新品口红。购物车的标识被设置在直播页面下方,观众可以便捷地完成购买行为。

2016年7月11日 "papi酱"八大平台直播首秀

2016年7月11日晚,"papi酱"在8家平台同步直播首秀,直播主题是"毕业季"。"papi酱"在直播前期做足了预热工作,通过微博发起内容征集活动,呼吁网友积极参与直播。直播中,"papi酱"分享了与丈夫相识、相恋的校园爱情故事,以及自己的校园生活经历。

2016年8月10日 傅园慧里约奥运会映客直播首秀

2016年8月10日晚,国家游泳队运动员傅园慧通过映客及应用宝直播板块开启直播首秀,直播过程中主要回答主持人和观众提出的问题,分享她参加里约奥运会的心路历程。傅园慧作为映客直播"奥运策划"的第一位运动员,因观众缘好、亲和力高、影响力大等特点,将映客这一直播平台带入大众视野。此后,龙清泉、秦凯、何姿、苏炳添等奥运选手陆续在映客直播。

2016年8月27日 斗鱼直播联合马东制作直播综艺节目

2016年8月27日,斗鱼直播平台与马东团队联合出品的全网首档直播综艺节目《饭局的诱惑》正式上线。这档实时互动类综艺节目的主要内容是邀请嘉宾在设定场景内玩"狼人杀"游戏。直播与综艺的结合使得节目具有互动性强、原生态等优势。前两期节目观看人数破千万,每期平均在线人数超400万。

2016年9月 快手主播大凉山"伪慈善"直播事件

2016年9月,快手主播在大凉山做"伪慈善"的视频于网络平台曝光。

主播"杰哥"在山区给贫困老人和小孩发放物资,并以金钱为诱惑进行全程拍摄,拍摄完毕后将钱物收回。警方调查确认了此事的真实性后,快手对主播"杰哥"的违规事实做永久封号处理。

2017 年 5 月 27 日 王健林在《鲁豫有约》直播首秀

2017 年 5 月 27 日上午 8:30 到 5 月 28 日下午 16:00,王健林通过熊猫直播和网易直播两个平台对其日常生活进行了全程直播。此次直播是主持人陈鲁豫与嘉宾王健林通过节目《鲁豫有约》进行的,近距离展示了王健林的工作和生活。

2017 年 8 月 27 日《王者荣耀》主播"嗨氏"跳槽斗鱼

2017 年 8 月 27 日,《王者荣耀》游戏主播"嗨氏"发布微博称其正式与虎牙平台解约,签约斗鱼平台。"嗨氏"曾是虎牙 TV 的高人气主播,以高超技术吸引了很多粉丝,被粉丝称为"国服貂蝉"。但是在与虎牙 TV 的合同还未到期时,"嗨氏"就跳槽去了斗鱼直播。在"嗨氏"发表跳槽动态后,虎牙于当天连续发布"嗨氏"对虎牙、爱拍的违约声明及律师函。一天后,虎牙直播更新官方微博,称"嗨氏"违约跳槽斗鱼,已向警方申请冻结其资产。

2018 年 7 月 31 日 "陈一发儿"调侃历史事件被封杀

斗鱼主播"陈一发儿"曾因歌曲《童话镇》爆红,后因在直播时以娱乐方式调侃南京大屠杀而被全网封杀。2018 年 7 月 31 日,"江苏网警"发布微博称,斗鱼平台主播"陈一发儿"在早年的直播过程中,曾公然把南京大屠杀、东三省沦陷等民族惨痛记忆作为调侃的笑料,引发众多网友的严重不满。

2019 年 2 月 8 日 翟天临直播引发学历造假问题

2019 年 2 月 8 日,翟天临在直播中回答网友问题时不知中国知网为何物,他的博士学位的真实性因此受到质疑。其言语和行为也引起了教育部的重视,教育部第一时间要求有关方面迅速调查。北京电影学院成立调查组,按照相关程序调查翟天临"学术不端"事件。2 月 16 日,北京大学发布关于招募翟天临为博士后的调查说明:确认翟天临存在学术不端行为。2 月 19 日,北京电影学院发布关于"翟天临涉嫌学术不端"等问题的调查进展情况说明,宣布撤销翟天临的博士学位。

2019 年 7 月 23 日 "乔碧萝殿下"直播期间"萝莉变大妈"

"乔碧萝殿下"本是一名声优主播,平时直播时,她用一张可爱的表情包图片挡住脸,在个人社交软件上的自拍也是清纯可爱的形象。2019年7月23日,"乔碧萝殿下"和"晴子mix"连麦时,挡脸的动图突然消失,无美颜无滤镜的真实样貌曝光,"萝莉变大妈"的场景就此走红网络。7月29日,"乔碧萝殿下"的粉丝量涨至60万,登上斗鱼热搜榜榜首。后经斗鱼平台调查核实,该事件系"乔碧萝殿下"自主策划、刻意炒作。自2019年8月起,"乔碧萝殿下"被多个直播平台封禁。

2020年2月13日 小米首场直播线上发布会

2020年2月13日,小米10发布。此次发布会是小米有史以来第一次纯线上发布,全程由雷军主讲,通过直播的方式覆盖全网,除在淘宝直播、今日头条、优酷、斗鱼、腾讯视频等71家平台播出之外,还在深圳卫视直播。通过纯线上直播,小米发布了年度旗舰产品小米10,一同亮相的还有小米AIoT路由器AX3600、小米无线充蓝牙音箱、小米65W GaN充电器等多款新品。

2020年 董明珠直播带货

2020年,在新冠疫情影响下,格力空调的销售量严重下滑,2020年2月和3月的空调销售量几乎为零。在这样的困境之下,珠海格力电器股份有限公司董事长董明珠亲自上阵带货直播,截止到2020年12月,董明珠共进行13场直播,共计带货476亿元。

2020年4月6日 李佳琦与朱广权跨界合作

2020年4月6日,中央广播电视总台央视新闻推出"谢谢你为湖北拼单"公益带货直播,央视新闻主播朱广权与网红主播李佳琦组成的"小朱佩琦"组合担任首场直播"带货官"。本次直播采用"云直播"的方式,两位主播隔空连线,同框直播,将主流媒体与新媒体的优势紧密结合,引发大众关注。本场直播观看人数1091万人,观看量达1.22亿人次,点赞数1.6亿,累计卖出总价值4014万元的湖北商品。

2020年4月8日 "市长带你看湖北"首场直播

2020年4月8日,武汉"解封"当天,抖音直播间迎来了"市长带你看湖北"系列首场直播。武汉市政府党组成员李强为观众介绍了武汉经济重启和复工复产的情况,并成为带货主播在直播间帮助武汉企业销售产品,当天销售额达到1793万元。

2020 年 5 月 1 日 虚拟歌手洛天依跨界直播带货

2020 年 5 月 1 日晚,虚拟歌手洛天依来到淘宝直播间,首次跨界试水带货。直播开始前,淘宝直播间已被粉丝们的弹幕刷屏,弹幕信息包括"坐等天依殿下""等天依上线"等。洛天依的首场直播带货时长达 1 小时,销售了博士伦、美的、欧舒丹等品牌的产品,淘宝直播在线观看人数一度高达 270 万人,近 200 万人参与了打赏互动。

2020 年 6 月 1 日 周杰伦快手直播首秀

2020 年 6 月 1 日,周杰伦发布视频宣布入驻快手,这也是周杰伦的第一个中文社交媒体账号。2020 年 7 月 26 日晚 8:30,周杰伦在快手开启了自己的首场直播。本次直播以周杰伦的魔术开场,由魔术串联各个环节,中途加入刘畊宏、萧敬腾等新嘉宾,最后用一杯莫吉托收场。在这场不带货、不唱歌,全程只变魔术、聊天的直播中,在线观看总人次突破 6800 万,最高同时在线人数 610 万人,直播间互动总量超 3.8 亿次,创下了新的直播数据纪录。

2020 年 7 月 10 日 首秀即巅峰:罗永浩百日直播带货暴跌

2020 年 7 月 10 日是罗永浩在抖音直播带货的第一百天。在这场直播中,罗永浩仅卖出 0.05 亿元的商品,相较于 4 月 1 日直播首秀的 1.68 亿元,直播风采不再。新抖数据显示,罗永浩 3 个月以来直播数据不断下跌,带货量下降 97%,观看量从首秀当日的 4892 万暴跌至 176 万,同比下降 96.4%。

2020 年 7 月 11 日 罗翔签约 B 站后的直播首秀

中国政法大学刑法学教授罗翔 2020 年 3 月注册 B 站账号"罗翔说刑法",并成为 B 站首位知识区千万粉丝 UP 主。同年 7 月 11 日,罗翔在 B 站完成直播首秀,观看量高达 111.3 万人次,弹幕多达 2.5 万条。截至 2022 年 3 月 12 日,该账号发布系列课程 1 套(内含 10 课时视频),视频 237 条,粉丝量达 2188.6 万,总获赞量达 6491 万。罗翔也被评为"bilibili 2020 年度最高人气 UP 主""bilibili 2021 百大 UP 主"。

2020 年 7 月 拼多多"百亿补贴"直播间启动溯源类商品直播

2020 年 7 月,拼多多"百亿补贴"直播间正式启动"母婴产品溯源行动",带领消费者"云探访"各大母婴品牌的工厂,见证拼多多平台售卖的纸尿裤、奶粉的生产全过程。全球最大的孕婴童品牌"好孩子"集团加入拼多多"母婴产品溯源行动"后,直播期间,"好孩子"近 30 款热门产品销量大增,带动平台当日儿童出行用品销量上涨近160%。伊利在溯源直播当日,观众累计超60万人,伊利金领冠系列奶粉当日销量增长近3倍,同时,该平台国产奶粉相关搜索量同比增长175%。

2020年10月20日 李佳琦双十一直播带货战绩创纪录

李佳琦自2018年从淘宝出圈以来,成为新一代的带货宠儿。2020年10月20日,双十一首场预售直播开始,李佳琦的带货直播从晚上7点持续到次日2点。据灰豚数据统计,李佳琦直播间观看人数达1.62亿人,带货量约821.44万件,商业交易总额约34.30亿元。在2021年4月举行的淘宝直播盛典上,李佳琦获"2020年度TOP主播"称号。

2020年10月25日 辛巴直播间"假燕窝事件"

2020年10月25日,辛巴团队主播"时大漂亮"在直播时向粉丝推荐了一款燕窝产品。11月1日,有消费者质疑该款即食燕窝"是糖水而非燕窝",并要求辛巴作出解释。经过权威检验,辛巴直播团队售出的这款燕窝确为糖水。12月23日,广州市场监管部门公布"辛巴直播带货即食燕窝"调查处理情况:辛巴方被罚款90万元,市场监管部门拟对燕窝品牌方广州融昱贸易有限公司作出责令停止违法行为、罚款200万元的行政处罚。此外,辛巴的快手账号被禁60天。

2020年10月31日 直播带货+双十一晚会联动

2020年10月31日,湖南卫视联手天猫打造"天猫双十一开幕式晚会",采取双直播系统,设置了"1个主舞台+17个直播间"的穿屏互动,打破观众电视大屏看表演、手机小屏买东西的传统理念,将直播与晚会相结合。观众在欣赏明星表演的同时,能够随时随地下单购物。

2021年1月14日 奥运冠军孙杨直播带货

2021年1月14日,奥运会游泳冠军孙杨开启直播带货之旅,开播两天内共售出总价近5000万元的商品,多次登顶抖音直播榜。其抖音账号获得了官方认证的"优质电商达人"称号。

2021年7月9日 "紫薇被榜—大哥治好眼睛"被热议

抖音主播"夏紫微(黄萝曲)"因模仿电视剧《还珠格格》中夏紫薇这一角色而为人所知,她通过在直播间内再现电视剧经典桥段,以夸张荒诞、极具戏剧性与冲突感的表演吸引眼球。2021年7月,"夏紫微(黄萝曲)"在直播间内大呼:"天呐天呐,我看见了,这是什么,这是火箭呐,感谢榜一大哥!"2021年7月9日,"紫薇被榜一大哥治好眼睛"话题登上微博热搜榜。

2021年8月26日 "反诈警官老陈"直播间连麦宣传反诈成网红

陈国平,河北省秦皇岛市海港区公安分局网络安全保卫大队民警,抖音名为"反诈警官老陈"。2021年8月26日起,"反诈警官老陈"与多名网红连麦,三天内连线PK十多位主播,"空降"直播间宣传反诈知识,呼吁网友下载国家反诈中心APP。这一现象引发众多网友关注,相关片段视频在各网站及视频平台上收获超高热度,登上微博话题热搜榜。陈国平在接受采访时表示,传统的反诈宣传模式费时费力、宣传范围小,已经跟不上新形势,他希望通过直播的形式真正实现全民反诈。

2021年9月 "郭老师"被封禁

"郭老师"本名郭蓓蓓,2019年末凭借在快手平台直播吃猕猴桃爆火。在她的直播中,猎奇、审丑、奇葩、荒诞成了个性标签,举止不修边幅、言语中满是脏话成为她的"特色"。不少自媒体也借用"郭老师"的素材恶搞、炒作,"郭言郭语"风靡一时。2021年9月2日,"郭老师"被全平台永久封禁。

2021年10月4日 "张同学"用镜头记录乡村生活

2021年底,一位名为"张同学"的博主凭借农村生活题材视频作品在抖音平台迅速走红,短短两个月内涨粉1600万。这些视频没有时下流行的背景音乐,没有酷炫的特效,依靠简单又不失生动的运镜及剪辑风格,将东北农村生活的场景与细节悉数呈现,真实又质朴。"张同学"独特的创作题材及风格简单而怀旧,唤起网民对田园生活的向往,《人民日报》、新华社等主流媒体纷纷关注并报道。

2021年11月、12月 雪梨、林姗姗、薇娅因偷逃税被封禁

2021年11月22日,网络主播朱宸慧(雪梨)、林姗姗因偷逃税,分别被依法追缴税款、加收滞纳金并处罚款6555.31万元和2767.25万元。2021年12月20日,薇娅因逃税被追缴税款、加收滞纳金并处罚款共计13.41亿元。

2021年12月28日 俞敏洪直播首秀带货农产品

自2021年"双减"政策实施后,新东方作出一系列重大变革。2021年12月28日,新东方宣布成立"东方甄选",标志着新东方开始转型并涉足直播带货领域。当晚8点,新东方创始人俞敏洪开启了他的农产品直播带货首秀。

俞敏洪上线后,直播间粉丝数超过 2 万人。在总计 3 小时的直播中,俞敏洪带货的农产品销售额超过 500 万元。

2022 年 2 月 数字人冬冬直播带货助力冬奥

2022 年北京冬奥会期间,技术服务商阿里巴巴推出冬奥宣推官数字人冬冬。除担任冬奥特约记者外,冬冬还进行直播带货。冬奥会比赛开始后,冬冬会在每天晚上七点半之后在淘宝直播带货 2 个小时左右。截至 2022 年 2 月 8 日,冬冬已连续进行了 6 场直播。2022 年 2 月 6 日之后,冬冬直播间的观看人数稳定在了 14 万人左右。

四、主流媒体直播大事记

在直播行业的边界不断拓展、媒体融合向纵深发展的背景下,主流媒体试水直播,经过长期的探索和实践,将网络直播逐渐纳入自己的常规传播手段,成为内容精良、品质有保障的直播"国家队"。

从"直播+新闻"的初尝试,到新冠疫情防控阶段以直播助力复工复产、脱贫攻坚,主流媒体深耕优质直播内容,以凝聚主流精神的责任担当拥抱泛直播时代,借助"直播+"提高音量,实现共赢,为加快构建新型主流媒体、实现媒体融合向纵深发展开辟新路径。

2013 年 8 月 6 日起 央视网国宝直播引关注

直播单位:中国网络电视台(CNTV)

2013 年 8 月 6 日,中国网络电视台(CNTV)与四川成都大熊猫繁育基地合作设立 iPanda 熊猫频道,推出了大熊猫 24 小时互动直播、点播、纪录片等节目。如今,iPanda 熊猫频道在全球范围内具有较大的影响力,随着关注熊猫的网民越来越多,对熊猫围观的"饭圈化"、"猫粉"与熊猫机构的公关问题等成为人们关注的话题。

2015 年 3 月起《法治新疆·天山行》:地方媒体的独特尝试

直播单位:新疆新闻出版广电局、新疆维吾尔自治区人大常委会

2015 年 3 月起,新疆新闻出版广电局联合新疆维吾尔自治区人大常委会共同推出《法治新疆·天山行》大型直播活动。节目立足新疆实际,用汉语、维吾尔语、蒙古语等 5 种语言,通过新疆各级媒体多渠道向全社会播出。

此节目助推新疆的法治宣传,是地方主流媒体立足地方实际的独特尝试。

2016年9月15日、2016年10月17日 新华社直播天宫二号、神舟十一号发射任务

直播单位:新华社

2016年9月15日,天宫二号空间实验室在酒泉卫星发射中心成功发射;2016年10月17日,神舟十一号载人飞船成功驶向太空。新华社客户端实时直播了这两次飞天任务,向观众实时呈现了原生态的新闻事实,满足了观众的信息需求,使得观众参与到事件进程中。

2017年"两会"期间 人民网直播《两会进行时》呈现报道新样态

直播单位:人民网

2017年"两会"期间,人民网与腾讯联合推出全景直播节目《两会进行时》。该栏目对"两会"过程进行实时直播,平均每日直播时长超过9小时。《两会进行时》是我国主流媒体不间断报道"两会"现场的首次尝试,为观众呈现了一场立体、动态的全景直播盛宴。

2019年3月3日起《问政山东》:以直播形式助推电视问政

直播单位:山东广播电视台

《问政山东》是山东广播电视台打造的大型问政节目,以问题为导向,聚焦人民群众日常生活中最关心的热点、难点问题。《问政山东》自2019年3月3日首播,截至2022年2月,节目共播出130期,每期邀请1—3个被问政单位,以直播形式向全社会公开问政全过程。

2019年6月《长江之恋——长江流域十二省市联合大直播》

直播单位:上海广播电视台等12家省级电视台

2019年6月,上海广播电视台等12家省级电视台共同策划了《长江之恋——长江流域十二省市联合大直播》。该直播从多角度展现了长江经济带的特色,以"生态"为重点抓手,反映了长江流域沿岸各省市生态环境的治理成果、人民生活质量的改善。

2019年10月1日 总台融合新闻直播报道新中国成立70周年庆典

直播单位:中央广播电视总台

在新中国成立70周年这一重大主题报道中,中央广播电视总台依托"5G+4K/8K+AI"战略布局,首次实现全流程、全要素4K超高清直播,以及5.1环绕立体声直播。在技术加持下,从空中视角到地面视角,从宏观角度到微观细节,庆祝活动被完整、真实地呈现。

2020年1月 央视频推出火神山、雷神山慢直播
直播单位:中央广播电视总台

2020年1月23日起,为应对新冠疫情,国家先后启动了武汉火神山、雷神山两所专门救治医院的建设工作。中央广播电视总台在两所医院施工现场架设直播端口,以固定机位、无剪辑、无串场、原生态的慢直播形式,在央视频APP"疫情24小时"专题页面24小时直播医院的施工进程。

2020年4月 央级主流媒体系列公益直播助力复工复产
直播单位:中央广播电视总台、新华社、《人民日报》

2020年新冠肺炎疫情期间,为帮扶湖北省产品销售,总台央视频、央视新闻牵手淘宝直播等平台发起了"谢谢你为湖北拼单""搭把手、拉一把""为鄂下单"等大型公益直播带货活动。2020年4月1日,新华社与京东合作推出"买光湖北货行动"、与抖音合作推出"湖北重启 抖来助力"活动,切实助力湖北省经济恢复与发展。2020年4月13日,人民日报新媒体与淘宝合作开启湖北公益系列带货直播,围绕武汉特产鸭子进行直播带货。

2020年5月—2020年8月 央级主流媒体直播带货助力地方脱贫攻坚
直播单位:中央广播电视总台、山东卫视、湖南卫视

秉持着扶贫助农的宗旨,2020年8月4日,中央广播电视总台正式启动"心连心系列公益带货直播",先后帮助福建省宁德市、四川省凉山州喜德县等地特色产品销售,支持脱贫攻坚"收官"。

2021年1月28日 主流媒体联动直播"云探亲"
直播单位:《厦门日报》、中国网、浙视频等二十余家主流媒体

2021年1月28日是春运的第一天,《厦门日报》、中国网等全国二十余家主流媒体联动,于趣看平台启动了"身在远方,乡情常伴——云探亲接力直播"。该直播采用异地同屏虚拟直播的方式,覆盖祖国的大江南北,带领观众从云端"返乡",跟随直播镜头看家乡的新发展。

2021年5月 《三星堆新发现·揭秘》呈现文物新视角
直播单位:四川广播电视台

2021年5月,四川广汉三星堆遗址出土大量文物,四川广播电视台"四川观察"推出全媒体特别直播节目《三星堆新发现·揭秘》。"四川观察"以互联网思维精心策划网生内容,在直播中引入影视演员、抖音网红等,通过高水平的策划和制作吸引了大量观众。

2021 年 6 月《今日河北》助力重大主题宣传报道

直播单位:河北广播电视台

2021 年是中国共产党成立 100 周年。2021 年 6 月,河北广播电视台推出大型直播节目《今日河北》,节目分为"慷慨燕赵 红色热土""转型升级从'新'出发"等四大板块,以丰富的数据、真实的情感讲述十八大以来河北省各项事业取得的成就,为建党 100 周年献礼。

2021 年 6 月 慢直播"大象到哪儿了"吸引海内外观众

直播单位:中央广播电视总台

2021 年 6 月,云南大象北上这一话题引起了国内外各界的普遍关注。央视频将直播镜头对准大象,率先在移动客户端开辟了"大象到哪儿了"慢直播,向观众实时呈现云南野象北上迁徙的情况。在保护生态环境成为全球性议题的当下,这一慢直播向全世界观众展现了人象和谐共处的生态关系。

2022 年 2 月 19 日 "5G 云连麦苏翊鸣:翊鸣惊人 少年可期"

直播单位:《人民日报》

2022 年 2 月 19 日,在冬奥会冠军苏翊鸣夺冠后的第三天,《人民日报》在抖音平台推出"5G 云连麦苏翊鸣:翊鸣惊人 少年可期"直播活动,凭借着冬奥热度以及全民对苏翊鸣的关注度,本次直播观看人次高达 101.5 万,覆盖人群广泛,产生了良好的社会效应。

2022 年 2 月 20 日《双奥之城 一起向未来——北京冬奥会闭幕式特别报道》直播

直播单位:中央广播电视总台

2022 年 2 月 20 日北京冬奥会闭幕之际,"央视新闻"推出直播《双奥之城 一起向未来——北京冬奥会闭幕式特别报道》,累计观看人次为 270.16 万,达到冬奥期间直播累计观看人次最高峰。

五、监管规制与平台自治

网络直播中,部分平台和用户动"歪脑筋",打"擦边球",引发网民强烈不满,对社会造成了负面影响。为加强网络直播行业规范管理,国家相关部门接连颁布相关法律法规和规章政策,针对问题及时采取行动,引导网络直播从业人员遵守法律法规、公序良俗,积极传播正能量。同时,在网信办等部门开展网络直播行业专项整治行动的推动下,各平台纷纷制定直播行为规范,包括但不限于《抖音直播行为规范》《快手社区规范》《视频号直播账号处置方案》等,严格把控内容生态,严肃处理违规内容,致力于营造绿色健康的网络直播环境。

以下内容对我国相关直播治理行动进行了信息梳理,从监管规制和平台自治两个角度出发,一方面明确直播中常见的违规行为,另一方面把握直播治理方面的相关措施。

法律法规、规章政策及行动

2016年11月4日《互联网直播服务管理规定》

《互联网直播服务管理规定》由国家互联网信息办公室发布,于2016年12月1日起施行。《规定》主要内容包括:互联网直播服务提供者提供互联网新闻信息服务的,应当依法取得互联网新闻信息服务资质,并在许可范围内开展互联网新闻信息服务。开展互联网新闻信息服务的互联网直播发布者,应当依法取得互联网新闻信息服务资质并在许可范围内提供服务等。

2018年8月31日《中华人民共和国电子商务法》

2018年8月31日,十三届全国人大常委会第五次会议表决通过《中华人民共和国电子商务法》,自2019年1月1日起施行。《电子商务法》涉及电子商务经营主体、经营行为、合同、快递物流、电子支付等,并对电子商务发展中比较典型的问题做了比较明确具体的规定。

2019年11月18日《网络音视频信息服务管理规定》

《网络音视频信息服务管理规定》由国家互联网信息办公室、文化和旅游部、国家广播电视总局联合发布,自2020年1月1日起施行。《规定》提出,国家鼓励和指导互联网行业组织加强行业自律,建立健全网络音视频信息服务行业标准和行业准则,推动网络音视频信息服务行业信用体系建设,督促网络音视频信息服务提供者依法提供服务、接受社会监督,提高网络音视频信息服务从业人员职业素养,促进行业健康有序发展。

2020年6月24日 《网络直播营销行为规范》

《网络直播营销行为规范》由中国广告协会发布,于2020年7月1日正式施行。该《规范》虽然不能直接作为行政执法、司法裁判依据,但是作为倡导性的行业自律规范,能够为相关主体从事网络直播营销行为提供行为指南,对加强行业自律、促进行业健康发展具有重要作用。

2020年9月28日 《网络直播和短视频营销平台自律公约》

在北京市市场监督管理局和海淀区市场监督管理局的指导下,抖音(北京微播视界科技有限公司)、快手(北京快手科技有限公司)、京东(北京京东世纪信息技术有限公司)3家企业共同发布《网络直播和短视频营销平台自律公约》。这3家企业成为加入该《自律公约》的首批倡议企业,《自律公约》自2020年10月1日起开始执行。

2020年11月6日 《关于加强网络直播营销活动监管的指导意见》

《关于加强网络直播营销活动监管的指导意见》由国家市场监督管理总局发布。《意见》明确了网络直播营销活动中相关主体的法律责任、直播带货的范围和广告发布审查,规定商品经营者应公示相关主体信息,保障消费者的知情权和选择权,明确对直播带货中的八种违法行为进行查处。

2021年2月9日 《关于加强网络直播规范管理工作的指导意见》

《关于加强网络直播规范管理工作的指导意见》由国家互联网信息办公室、全国"扫黄打非"工作小组办公室、工业和信息化部、公安部、文化和旅游部、国家市场监督管理总局、国家广播电视总局等七部委联合发布,旨在督促直播平台对照相关规范,对主播账号实行分级分类管理,规范网络主播行为,防范非理性、激情打赏,遏制商业营销乱象。

2022年3月2日 《关于审理网络消费纠纷案件适用法律若干问题的规定(一)》

《关于审理网络消费纠纷案件适用法律若干问题的规定(一)》由最高人民法院发布,共20条,主要对网络消费合同权利义务、责任主体认定、直播营销民事责任等方面作出规定。该《规定》于2022年3月15日起执行。

2022年3月17日 2022年"清朗"系列专项行动

2022年3月1日,国务院新闻办公室举行关于2022年"清朗"系列专项行动新闻发布会,国家互联网信息办公室介绍了有关情况。2022年"清朗"

系列专项行动具体包括10个方面重点任务,其中,"清朗·打击网络直播、短视频领域乱象""清朗·MCN机构信息内容乱象整治""清朗·规范网络传播秩序""清朗·打击流量造假、黑公关、网络水军"等专项行动集中整治网红群体、直播中出现的重点问题。相比于2021年"清朗"系列专项行动,本次行动首次将网络直播、短视频领域的"色、丑、怪、假、俗、赌"等违法违规行为纳入年度"清朗"专项行动重点任务。

平台自制直播规范及治理行动

2021年2月 快手

快手开展"录播/挂播/睡播"治理专项打击行动,针对部分主播在电商直播过程中存在的录播/挂播/睡播等行为,给予警告、封禁账号处理,情节特别严重者将被永久封禁账号。

2021年2月 YY直播

YY直播发布《2020年内容生态治理安全报告》称,2020年,YY直播处理违规内容和违规行为近30万例。其中YY直播平台处理用户举报处罚91234例,下架擦边低俗行为、宣传不良广告、高危动作行为等短视频10476例,清理标题党、恶意炒作、违规开播封面等违规图文信息191195例。

2021年3月 微博

微博官方账号发布"清朗·寒假网络环境"专项行动结果,本阶段处理违法违规直播和短视频内容39万条。

2021年7月 快手

快手发布《关于打击利用河南水灾恶意炒作的公告》称,快手针对利用河南灾情发布视频蹭热度、进行商业炒作谋取不当利益等违规行为,将进行专项整治,严厉打击蹭热点骗流量的行为。

2021年7月 抖音

抖音发布《抖音打击消费灾情、蹭灾情热度行为的公告》,坚决打击消费灾情、蹭灾情热度类行为,对于相关违规视频或直播内容,会根据平台规则进行处罚,严重者会被永久封号。2021年7月1日至31日,抖音安全中心处罚涉嫌消费灾情违规行为的直播间138个,封禁违规账号42个,其中永久封禁账号8个。

2021 年 7 月 微信

微信发布《视频号直播账号阶梯处置方案》公告。平台将按严重、中度、轻微 3 个违规级别，扣除违规主播的安全信用分。根据账号的违规程度，处置力度从轻度限流、中度限流到重度限流、禁播逐渐加重。影响主播安全信用分的因素包括但不限于违规的直播场数、违规类型、违规级别等。

2021 年 7 月 小红书

小红书启动为期两个月的暑期未成年人网络环境专项治理行动，内容包括严禁 16 岁以下未成年人出镜直播，严肃查处诱导未成年人打赏及其他不符合社会主义核心价值观的内容等，平台将通过用户举报、技术审核、人工巡查等方式提升治理水平。

2021 年 10 月 快手

快手针对电商营销推广过程中的不正当竞争、不当使用他人合法权利的情形开展专项治理。平台将视违规情节的严重程度、违规次数等情况综合判定，处罚措施包括扣分、暂停使用购物车、收取违约金、封禁账号等。

2021 年 10 月 抖音

抖音直播启动打击低俗、不良价值观内容的专项行动，发布《抖音直播关于"恶意炒作"违规行为处罚公告》，经核查发现部分直播间存在利用团队矛盾进行剧本炒作、虚假宣传等行为，抖音平台对违规账号分别进行直播权限封禁 14 天、7 天的处罚。

2021 年 10 月 微信

微信安全中心发布《对视频号"无下限博眼球"直播行为的治理公告》，针对部分主播为了博取眼球、诱导用户打赏，无下限地开展低俗直播等行为采取不同的处罚方式，包括但不限于警告、限流、掐播等。2021 年 6 月 1 日至 30 日，平台累计处置超过 1.2 万个直播间，对超过 5900 个主播账号扣除信用分并追加账号级别处罚。

2021 年 10 月 快手

快手发布《关于打击直播间不良行为的公告（第十三期）》，坚决抵制直播间内审丑卖惨、恶意炒作、吃播喝播、不良 PK 等行为，通过开展专项整治行动，共处置违规账号 152 个，违规直播 470 场。

2021年12月 抖音

抖音发布《抖音11月打击"吃播"公告》,持续打击夸张进食、过量吃播等视频内容。2021年11月,抖音安全中心共计处理违规吃播视频16458个,给予相关账号禁止投稿一周的处罚。

2021年12月 抖音

抖音发布《关于利用"违规非挂车视频"引流电商直播的专项治理公告》。《公告》称,部分创作者存在利用违规的"非挂车视频"引流电商直播间的行为,违规视频内容包括虚假描述商品信息、虚构商品来源等。抖音将采取警告、下架违规商品、扣除信用分等处罚措施,对于违规情节严重者将按照平台规则处以限制使用或永久封禁电商权限等处置措施。

2021年12月 抖音

抖音发布《抖音户外直播治理公告》,抖音直播对户外直播中具有侵犯他人隐私、街头哗众取宠、强行骚扰他人等行为的账号,视违规程度给予梯度处罚,共计处罚违规账号39743个。

2021年12月 快手

快手发布《关于严厉打击户外直播违规行为的公告》,对户外直播中存在妨碍、破坏公共秩序,侵犯他人隐私,恶意搭讪、骚扰他人等行为的直播间及账号视违规程度给予处罚,共处罚违规直播2199个,封禁违规账号26482个。

2021年12月 抖音

抖音直播开展针对"滥用抖币福袋抽奖"行为的治理行动,针对做出虚假抽奖、滥用抖币福袋抽取实物等违规行为的4592个直播间给予处罚,共计封禁抖币福袋权限账号2960个。

2022年1月 抖音

抖音直播发布《2021年度生态服务报告》。《报告》显示,2021年,抖音直播建立了140多个多维安全模型和1000多条安全规则,针对"低俗、不良价值观""炒作煽动"等违规行为开展了18次长期专项治理行动,处置违规直播间16万个,封禁实名作弊账号60万个,永久封禁直播权限账号3万个。

2022年2月 抖音

抖音官方账号"抖音黑板报"发布《"低俗、不良价值观内容"专项治理行动公告(第二期)》。2022 年 1 月 1 日至 2 月 10 日,抖音直播对"教唆煽动、辱骂挑衅、不良诱导打赏"等违规内容、账号进行重点打击,共处罚有相关违规行为的直播间 781 个。

2022 年 2 月 抖音

抖音直播针对"诱导未成年人打赏"违规行为进行了重点治理,严厉打击诱导未成年群体充值消费的行为,累计封禁相关违规主播 60 名,处理相关问题直播间 2000 余个。

2022 年 1—2 月 抖音

抖音直播开展针对"恶意八卦"类违规行为的专项治理行动,重点整治教唆煽动、引战拉踩、攻击诽谤、侵犯他人权益、负面炒作热点事件、以官方名义发表不实言论等行为。1—2 月期间,抖音直播专项小组处罚相关违规直播间共计 536 个。

2022 年 2 月 B 站

B 站发布《开播前人脸认证功能上线公告》。《公告》称,为保证开播实名认证且开播人与认证一致,B 站直播即将上线开播前人脸认证功能,后续逐步在各个分区开放。

2022 年 3 月 抖音

抖音发布《关于打击直播诈骗黑色产业链的公告》,开展针对直播黑产业链的专项打击行动,清退涉嫌诈骗、恶意诱导消费、赌博等行为的 MCN 机构 27 家,封禁违规主播 6704 人。

2022 年 3 月 淘宝

淘宝官方发布《淘宝直播机构管理规范》更新调整的通知,涉及淘宝直播恶意刷单、代刷单行为的,不论是商家还是机构,淘宝将视情况采取扣除全额保证金以及清退机构身份且永久禁止再入驻等处置措施。

2022 年 3 月 抖音

抖音发布《关于抖音直播严肃整治不良直播 PK 内容的公告》,重点治理直播社区内存在恶意博眼球、畸形审美、"饭圈"乱象等不良现象。平台将严格把控社区内容,严肃清理扰乱社区秩序、破坏平台生态、冲击正确价值观的违规内容。

参考文献

一、中文文献

(一)图书文献

[1]托夫勒.第三次浪潮[M].朱志焱,潘琪,张焱,译.北京:新华出版社,1996.

[2]巴赫金.巴赫金全集:第六卷[M].钱中文,译.石家庄:河北教育出版社,1998.

[3]布劳.社会生活中的交换与权力[M].李国武,译.北京:商务印书馆,2008.

[4]波斯特.第二媒介时代[M].范静哗,译.南京:南京大学出版社,2000.

[5]冈特利特.网络研究:数字化时代媒介研究的重新定向[M].彭兰,等译.北京:新华出版社,2004.

[6]西尔,克拉克.场景:空间品质如何塑造社会生活[M].祁述裕,吴军,等译.北京:社会科学文献出版社,2019.

[7]滕尼斯.共同体与社会[M].林荣远,译.北京:商务印书馆,1999.

[8]郭景萍.情感社会学:理论·历史·现实[M].上海:上海三联书店,2008.

[9]马尔库塞.单面人[M].左晓思,张宜生,肖滨,译.左晓思,校.长沙:湖南人民出版社,1988.

[10]德波.景观社会[M].张新木,译.南京:南京大学出版社,2017.

[11]舍基.认知盈余[M].胡泳,译.北京:中国人民出版社,2012.

[12]柯斯林.互动仪式链[M].林聚任,王鹏,宋丽君,译.北京:商务印书馆,2009.

[13]李沁.媒介化生存:沉浸传播的理论与实践[M].北京:中国人民大

学出版社,2019.

[14]刘伟,袁修干.人机交互中情境认知的理论与应用[M].北京:中国科学技术出版社,2005.

[15]马克思.1844年经济学哲学手稿[M].中共中央马克思恩格斯列宁斯大林著作编译局,编译.北京:人民出版社,2018.

[16]马克思.资本论(第1卷)[M]//马克思,恩格斯.马克思恩格斯选集(第2卷).北京:人民出版社,2012.

[17]韦伯.学术与政治[M].冯克利,译.北京:生活·读书·新知三联书店,2005.

[18]麦克卢汉.理解媒介:论人的延伸[M].何道宽,译.南京:译林出版社,2019.

[19]费瑟斯通.消费文化与后现代主义[M].南京:译林出版社,2000.

[20]卡斯特.认同的力量[M].曹荣湘,译.2版.北京:社会科学文献出版社,2006.

[21]卡斯特.网络社会的崛起[M].夏铸九,等译.北京:社会科学文献出版社,2003.

[22]波兹曼.娱乐至死[M].章艳,译.北京:中信出版社集团,2015.

[23]斯考伯,伊斯雷尔.即将到来的场景时代[M].赵乾坤,周宝曜,译.北京:北京联合出版公司,2014.

[24]布尔迪厄.实践理论大纲[M].高振华,李思宇,译.北京:中国人民大学出版社,2017.

[25]布尔迪厄.关于电视[M].许钧,译.沈阳:辽宁教育出版社,2000.

[26]鲍德里亚.消费社会[M].刘成富,全志钢,译.南京:南京大学出版社,2000.

[27]吴声.场景革命:重构人与商业的连接[M].北京:机械工业出版社,2019.

[28]费斯克.电视文化[M].北京:商务印书馆,2005.

[29]詹森.作为病态的粉都:定性的后果[M]//杨玲,译.陶东风.粉丝文化读本.北京:北京大学出版社,2009.

(二)论文文献

[1]曹晋,张艾晨.网络流量与平台资本积累:基于西方马克思主义传统的考察[J].新闻大学,2022(1):72-85,123.

[2]曹三省,刘吟风,王辛悦.中国网络社区进化论[J].互联网经济,2015(Z1):96-103.

[3]陈波,吴云梦汝.场景理论视角下的城市创意社区发展研究[J].深圳大学学报(人文社会科学版),2017,34(6):40-46.

[4]董青岭.多元合作主义与网络安全治理[J].世界经济与政治,2014,11:52-72.

[5]李猛.理性化及其传统:对韦伯的中国观察[J].社会学研究,2010(5):1-30,243.

[6]李楠.马克思剩余价值理论与当代社会[J].马克思主义研究,2003(2):75-82.

[7]梁旭艳.场景:一个传播学概念的界定——兼论与情境的比较[J].新闻界,2018(9):55-62.

[8]林滨,邓琼云.消费意识形态视域中的身体消费审视与解读[J].东北大学学报(社会科学版),2019,21(4):337-343.

[9]刘懿璇,何建平.从"数字劳工"到"情感劳动":网络直播粉丝受众的劳动逻辑探究[J].前沿,2021(3):104-115.

[10]骆正林.空间理论与大数据时代网络空间的建构[J].现代传播(中国传媒大学学报),2019,41(1):49-56.

[11]彭兰.场景:移动时代媒体的新要素[J].新闻记者,2015(3):20-27.

[12]陶东风.消费文化语境中的身体美学[J].马克思主义与现实,2010(2):27-34.

[13]田晓丽.互联网时代的类社会互动:中国网络文学的社会分析[J].清华大学学报(哲学社会科学版),2016(1):173-181.

[14]涂永前,熊赟.情感制造:泛娱乐直播中女主播的劳动过程研究[J].青年研究,2019(4):1-12,94.

[15]汪金刚.信息化社会生产与数字劳动异化:对马克思"异化劳动理论"的当代阐释[J].新闻大学,2020(2):80-93,122.

[16]王斌.自我与职业的双重生产:基于网络主播的数字化表演劳动实践[J].中国青年研究,2020(5):61-68.

[17]王春枝.参与式文化的狂欢:网络直播热潮透析[J].电视研究,2017(1):83-85.

[18]王新鹏.论我国网络直播监管体制的完善[J].电子政务,2019(4):46-56.

[19]温雯,戴俊骋.场景理论的范式转型及其中国实践[J].山东大学学报(哲学社会科学版),2021(1):44-53.

[20]互联网史与社会心态的质性研究(1999-2019年)[J].新闻与传播研究,2021,28(6):74-93,127.

[21]喻国明,梁爽.移动互联时代:场景的凸显及其价值分析[J].当代传播,2017(1):10-13.

[22]张丽华.阈限性情境:经由直播媒介的身体实践与关系变迁[J].新闻记者,2021(3):3-14.

[23]张培培.网红"工厂":MCN机构的发展历程、兴起逻辑及未来趋势[J].未来传播,2021,28(1):48-54.

[24]张汝伦.哈贝马斯和帝国主义[J].读书,1999(9):34-42.

[25]赵淑萍,田香凝.主流媒体精准扶贫的共同体建构:逻辑、路径与动力[J].当代传播,2021(1):49-52.

[26]赵哲超,郝静.私域流量在环境传播预警系统内的"自我呈现"[J].新闻与写作,2019(11):95-98.

[27]周勇,何天平."自主"的情境:直播与社会互动关系建构的当代再现——对梅罗维茨情境论的再审视[J].国际新闻界,2018,40(12):6-18.

二、英文文献

(一)图书文献

1. FUCHS C. Digital labor and Karl Marx[M].New York:Routledge, 2014.

2. JENKINS H. Confronting the challenges of participatory culture: media education for the 21st century[M]. Cambridge, MA: The MIT

Press, 2009.

3. STEPHENSON N. Snow crash[M]. New York: Penguin Random House,1992.

4. PEIRCE C S. The essential Peirce: selected philosophical writings [M]. Bloomington and Indianapolis: Indiana University Press,1992.

5. POPLIN D E. Communities: a survey of theories and methods of research[M]. New York: Macmillan, 1979.

6. RAGNEDDA M, RUIU M L. Digital capital: a Bourdieusian perspective on the digital divide [M]. Bingley: Emerald Group Publishing, 2020.

7. TOFFLER A. Future shock[M]. London: The Bodley Head, 1970.

8. SCHOLZ T. Digital labor: the internet as playground and factory [M]. New York: Routledge, 2013.

(二)论文文献

1. ARNOULD E, PRICE L. River magic: extraordinary experience and the extended service encounter[J]. Journal of consumer research, 1993, 20(1): 24-45.

2. BITNER M J. Building service relationships: it's all about promises [J]. Journal of the academy of marketing science, 1995, 23(4):246-251.

3. CALDERON G D. The third digital divide and Bourdieu: bidirectional conversion of economic, cultural, and social capital to (and from) digital capital among young people in Madrid[J]. New media & society, 2021, 23(9): 2534-2553.

4. CARPENTIER N. Beyond the ladder of participation: an analytical toolkit for the critical analysis of participatory media processes[J]. Javnost-the public, 2016(1):70-88.

5. HODGSON G M. What is capital? Economists and sociologist shave changed its meaning: should it be changed back? [J]. Cambridge journal of economics, 2014, 38(5): 1063-1086.

6. HORTON D, WOHL R R. Mass communication and para-social

interaction: observations on intimacy at a distance[J]. Psychiatry-interpersonal and biological processes, 1956, 19(3): 215-229.

7. JENKINS H, CARPENTIER N. Theorizing participatory intensities: a conversation about participation and politics[J]. Convergence, 2013(19): 265-286.

8. JONES D, SMITH K. Middle-earth meets New Zealand: authenticity and location in the making of "the lord of the rings"[J]. Journal of management studies, 2005, 42(5): 923-945.

9. JOVICIC D Z. From the traditional understanding of tourism destination to the smart tourism destination[J]. Current issues in tourism, 2019(3): 276-282.

11. RAGNEDDA M, RUIU M L, ADDEO F. Measuring digital capital: an empirical investigation[J]. New media & society, 2020, 22(5): 793-816.

12. RAGNEDDA M. Conceptualizing digital capital[J]. Telematics and informatics, 2018, 35(8): 2366-2375.

13. GEORGE R. Prosumer capitalism[J]. The sociological quarterly, 2015, 56(3): 413-445.

后 记

本书探寻了网络直播与网红群体的发展规律,尝试并构建了新媒体场景传播变革进程中的理论体系,努力在这一领域取得系统性的突破创新。在本书的写作过程中,课题组不断学习提升,破解研究难点,对研究对象进行由表及里的深入探讨,经过三轮修改完善,最终取得了较为扎实的研究成果。

本研究具有较为充分的前期研究基础。课题组较早关注研究对象的发展变化,掌握了丰富的材料,认真完成了课题研究必须做好的前期功课:第一步,对直播平台与网红群体的动态活动窗口进行田野观察,开展用户问卷调查、典型案例分析、实地走访座谈,等等;第二步,经过理论层面的细致梳理和反复研讨,找准了研究的突破口——新媒体场景传播的变革。

本研究的难度主要在于:研究对象形态多样、类型多样,而且处于动态变化之中。网络直播与网红群体的发展虽然时间跨度不大,但是产生的影响非常广泛,快速地渗入人们的日常生活之中。事实上,就学术研究方法而论,类型化的研究相对容易切入,细分化的研究相对容易聚焦,定型稳定的研究对象相对容易把握。在一定程度上,网络直播与网红群体作为动态变化中的研究对象,相对难以把握,也相对难以切入。

那么,为什么要聚焦网络直播与网红群体的研究?如何破解将二者结合在一起加以研究的难题?从中会有什么学术研究上的突破与发现?其缘由是什么?其价值又是什么?

追根溯源,直播最早起源于广播电视的现场口头报道。本书作者赵淑萍教授长期从事广播电视新闻教学工作,积累了46年的教学经验。赵教授在教学过程中,对中外广播电视的现场直播报道进行了深入的研究,出于撰写教案、教材、论文、著作的需要,分析了大量的现场报道、大型直播案例。

她在研究中发现,在人类社会很多重要的历史阶段,广播电视的直播产生了巨大的影响和推动作用。例如,第二次世界大战期间,美国哥伦比亚广播公司(CBS)播出的《这里是伦敦》影响了美国政府和人民对战争性质的认识。战后播出的《现在请听》《现在请看》节目中的一些直播内容成为美国历史上的重要事件。这三档节目的创办者——著名的美国记者爱德华·默罗(Edward Murrow)成为美国人民心目中的民族英雄,在世界广播电视史上占有重要的一席之地。在中国广播电视史上,那些重大历史事件的直播成为记录历史的珍贵档案,香港回归、国庆庆典、阅兵式、奥运会等的直播令国人振奋激动,难以忘怀……在一定意义上讲,广播电视的现场直播引发了新闻传播史上的变革,最显著的效果是使听众与观众如闻其声,如临其境。

互联网时代的到来,似乎瞬间改变了世界。特别值得研究的是,互联网不仅仅具有媒介属性,还具有使用工具属性。近30年来,互联网已经迅速成为社会的结构性力量,渗透人类生活的方方面面。互联网技术的应用催生了新媒体传播。新媒体不但具有媒介功能,而且具有多种使用功能,形成了新的传播主体与用户关系。我们在研究中关注到,网络直播完全突破了广播电视的直播范畴,究其原因,最根本的驱动因素是互联网技术所具有的功能属性。正是互联网的这种使用工具属性所产生的强大功能,助推了网络直播、网红群体的兴起和发展。

此外,从媒介发展史视角来看,传统的媒体直播主要具备新闻属性。广播电视直播的内容主要是新闻、动态活动,发挥的是传播信息、沟通社会的媒体功能。然而,网络直播不仅具有传播信息、沟通信息的功能,还具有使用功能。例如,带货直播对生产流通领域产生直接影响,成为新经济现象。再如,教育直播汇集了新的教育资源,开启新的教育学习方式,等等。

人们不难看到网络直播在内容、形态、效果、类型、功能等方面发生的变化。人类社会一切有目的的活动,都在一定思想意识支配下进行。网络直播平台如果没有网络主播,就不可能进行内容生产。基于此,网络直播的主体——主播的构成值得重点关注和研究。首先,直播是由人来完成的,网络主播成分十分复杂,主播的职业规范尚未形成。第二,主播有可能成为网红,而网红队伍鱼龙混杂,会产生积极或消极的社会影响。第三,从发展的趋势看,网络主播将会成为一种固定的社会职业,形成专业的规范,好比广播电视直播的主体是记者或主持人,必须具备专业素养和职业规范。上述这些观察和思考,构成了本课题将网络直播与网红群体结合在一起加以研究的缘由。

近几年,我们在全国进行了多项媒体融合实地调研考察,在与业界的交流中经常听到主流媒体从业者发问,新媒体传播对传统媒体带来巨大冲击与变化,人们对新媒体的适应与使用已经成为日常,如何才能真正从规律层面把握这些现实问题?不少资深从业者指出,当前的一些研究大而化之,泛泛而谈,很难对实践起到指导作用。媒体从业者的发问和对学术研究的批评与期待,引起我们深深的思考。因此,我们在研究过程中重视观照现实,以现实问题为起点来探索事物的发展规律。

具体来说,本研究开展的实际工作如下:

在文献梳理与应用上:对已有研究成果、学术观点进行归纳梳理,并对场景理论和网红群体研究进行了脉络梳理,完成了跨学科、多角度、深内涵的文献研究工作。

在实地调研与访谈上:对多家网络直播平台、网络主播经纪公司及多名网络主播进行实地调研和深度访谈。通过对相关企业和平台的直接观察,与行业相关负责人座谈交流,掌握了丰富的内部资料。清晰地梳理了网络直播平台的盈利模式、网络主播的从业动机、网络主播与经纪公司的利益分配方式、网络主播经纪公司的管理模式以及直播带货的商业模式和具体操作流程等。

在典型案例解析上:针对网络直播和网红主播的活动,进行直接的参与式观察。依据社会影响及活跃程度,选取淘宝、抖音两家网络直播平台,每个平台安排3名观察员,分别负责每天上午、下午和晚上三个时间段的观察。观察员通过发表评论、打赏等形式与主播互动,通过直接接触,感知网络直播的场景传播特点。同时,观察员还跟踪记录相应时段内的主播行为、直播内容、弹幕、礼物等方面的信息,以网络民族志的研究方法为研究提供第一手支撑资料。

在数据抓取和分析上:收集行业相关数据和文本,努力做到内容翔实准确。研究团队成立数据分析小组,搜集上百份行业报告和政策文件,包括政府部门、行业协会、咨询机构以及各大直播平台的官方数据。依据平台的重点,聚焦了特定抖音账号的基础直播数据、带货销售额、粉丝分布等情况。同时,数据小组根据各章内容需要,选取相关数据进行匹配,以翔实的数据为研究提供了有力支撑。

在附录内容选取上:梳理了"我国网络直播与网红群体变迁年谱",以期丰富全书的内容阐述。附录采取以时间为轴线的形式呈现,便于更加清晰地解读我国网络直播与网红群体的发展脉络与历史节点。

自2017年起,我们开始展开对网络直播、网红群体的研究。经过历时6年持续观察网络直播领域的热点现象和网红群体的变化发展,我们看到,网络直播从"野蛮生长"到"精耕细作";媒介技术从动态升级到应用普及;用户群体从广泛扩散到垂直细分;行业问题从无序散发转变为综合治理。今后,我们将继续关注并深入研究,在全球互联网发展动态中进一步把握新媒体场景传播的特征和规律。

在研究过程中,中国传媒大学副教授白晓晴、教授崔林、讲师田香凝,湖南工商大学讲师蔡旻俊,河南财经政法大学讲师王海龙,中国传媒大学硕士研究生田梦园、宋国澳、张玮琦、赵欢、卫睿杰、黄可怡、曾佳琪、朱玲珑等参与了本书的资料搜集、案例分析等,本书作者在此致以诚挚的谢意。

网络直播行业千变万化,网红群体层出不穷。限于条件和水平,本研究不可避免地存在一定局限性,不当之处恳请读者批评指正。

图书在版编目(CIP)数据

新媒体场景传播:网络直播与网红群体研究/赵淑萍,吴昊,李超鹏著.--北京:中国传媒大学出版社,2023.10
(新时代传媒创新书系)
ISBN 978-7-5657-3417-5

Ⅰ.①新… Ⅱ.①赵… ②吴… ③李… Ⅲ.①网络营销—研究 Ⅳ.①F713.365.2

中国国家版本馆CIP数据核字(2023)第066393号

新媒体场景传播:网络直播与网红群体研究
XINMEITI CHANGJING CHUANBO:WANGLUO ZHIBO YU WANGHONG QUNTI YANJIU

著 者	赵淑萍 吴昊 李超鹏
责任编辑	沈 悦
封面设计	风得信设计·阿东
责任印制	李志鹏

出版发行　**中国传媒大学**出版社

社 址	北京市朝阳区定福庄东街1号	邮 编	100024
电 话	86-10-65450528　65450532	传 真	65779405
网 址	http://cucp.cuc.edu.cn		
经 销	全国新华书店		
印 刷	唐山玺诚印务有限公司		
开 本	710mm×1000mm　1/16		
印 张	12.5		
字 数	205千字		
版 次	2023年10月第1版		
印 次	2023年10月第1次印刷		
书 号	ISBN 978-7-5657-3417-5/F·3417	定 价	68.00元

本社法律顾问:北京嘉润律师事务所　郭建平